D1747309

*Für Jan,
den Geduldigen*

*und
seine Schlumsi*

American Bulldog

Rasseporträt

von
Gesa Fenge

Rinty.Press Verlag 2002

Die Deutsche Bibliothek –
CIP-Einheitsaufnahme

Ein Titeldatensatz für diese Publikation ist bei Der Deutschen Bibliothek erhältlich.

Herausgeber:
Rinty.Press Verlag Angela Seidel und Achim Uhlenhut GbR, Kurze Straße 4, D-30880 Laatzen
www.rintypress.de

Alle Rechte, auch das des auszugsweisen Nachdrucks, der Wiedergabe in jeder Form und das der Übersetzung in andere Sprachen behält sich der Herausgeber vor.

Es ist ohne vorherige schriftliche und ausdrückliche Zustimmung des Verlages nicht erlaubt, das Buch oder Teile daraus auf fotomechanischem oder jedem anderen Wege zu vervielfältigen oder unter Verwendung elektronischer, mechanischer oder anderer Systeme zu speichern, zu verarbeiten, systematisch auszuwerten oder zu verbreiten.

Alle Angaben ohne Gewähr, Irrtümer vorbehalten. 3. Auflage 2005

Druck und Verarbeitung: AALEXX Druck GmbH, 30938 Großburgwedel

© 2002 by Rinty.Press Verlag (Laatzen). Printed and bound in Germany.

ISBN 3-936335-00-1

Vorwort der Autorin

Noch nicht lange ist es her, als 1994 in Deutschland der erste Wurf der Rasse American Bulldog fiel. Kaum jemand wusste zu dieser Zeit überhaupt von ihrer Existenz oder hatte gar schon einen American Bulldog in Natura gesehen.

Zu den bekannten Rassen gehört der Bulldog auch heute sicher noch nicht, doch ist die Beliebtheit der Rasse in den vergangenen Jahren sprunghaft gestiegen. Gerade in der letzten Zeit ist die Anzahl der Bulldog-Liebhaber, aber auch der Züchter fast bedenklich gewachsen. Diese Entwicklung führte zum vorliegenden, dem zweiten, umfassenden Buch über den American Bulldog.

Der American Bulldog ist ein aktiver, vielseitiger Hund. Ausdauernd und kräftig, verlangt er wie jeder große Hund trotz seines freundlichen Wesens eine konsequente Erziehung und tägliche Forderung, um ein ausgeglichener und zufriedener Familienhund zu sein. Ich hoffe, mit diesem Buch auch Anfängern in der Hundehaltung verständliche Möglichkeiten der Beschäftigung und Erziehung ihres Vierbeiners geben zu können, damit sowohl der Hund, als auch seine Besitzer viel Spaß am Umgang miteinander haben.

Bedingt durch seine Größe, aber auch durch sein Aussehen, bringt die Anschaffung eines Bulldogs eine große Verantwortung mit sich. Nicht nur der Gesellschaft gegenüber, sondern auch der Rasse selbst. Jeder einzelne Hund muss ein positives Beispiel seiner Rasse in der Öffentlichkeit dastellen und jeder Hundebesitzer, aber insbesondere jeder American Bulldog-Besitzer, ist zu größter Rücksichtnahme und Toleranz gegenüber seinen Mitmenschen verpflichtet. Nur so wird diese wunderbare Rasse in unserer Gesellschaft dauerhaft akzeptiert werden! Gerade auf diesem Gebiet tragen aber auch die Züchter einen großen Teil der Verantwortung. Nur durch planmäßige, vernünftige Zucht und gewissenhafte Käuferauswahl können all die positiven Eigenschaften des American Bulldog erhalten und gefördert werden.

Um in Zukunft den American Bulldog noch besser fördern zu können, würde ich mir einen freundschaftlicheren Umgang aller Züchter untereinander wünschen! Bei jedem Bulldog-Besitzer und -Züchter sollte die Freude an der Rasse und der Spaß mit den eigenen Tieren an erster Stelle stehen!

Viel Freude, auch beim Lesen

Gesa Fenge, im Dezember 2001

Vorwort der Herausgeber

Ein Buch über den American Bulldog – ist das denn „political correct", passt das überhaupt in die Zeit? Ist das nicht sogar ...

... eine „Kampfhunderasse"? Eindeutig: Nein! Weder vom Wesen der Hunde her noch nach dem Gesetz. Wer sich auch nur ein wenig mit unseren vierbeinigen Begleitern beschäftigt, weiß, dass es „Kampfhunderassen" ohnehin nicht gibt. Kann nicht sogar manch gänzlich unverdächtiger Hund zur Waffe werden? Niemand wird da eine Grenze ziehen können, zu vorschnell jedoch sind schon jetzt Ausgrenzungen vorgenommen worden. Da kommt es fast von selbst zu Ängsten gegenüber vielleicht einfach nur unbekannten Hunden. Um es noch einmal klar zu stellen: Der American Bulldog ist kein „Kampfhund". Und damit soll dieses Wort im vorliegenden Buch auch gleich zum letzten Mal erwähnt worden sein.

Den American Bulldog gibt es in Deutschland noch nicht sehr lange, und damit auch noch nicht lang genug, als dass diese Rasse vom Verband für das Deutsche Hundewesen (VDH) gemäß dessen Regeln anerkannt wäre. Aber was nicht ist, das kann bekanntlich noch werden und ist wahrscheinlich nur eine Frage der Zeit. Die noch ausstehende Anerkennung ist kein Makel.

Auch Skepsis gegenüber der Bulldogge schlechthin ist nicht angebracht. Genaue Information aber – ein immer wieder festgestellter Mangel – tut Not. Und genau hier will dieses Buch ansetzen. Fundiertes Wissen zu einer vielleicht noch etwas unbekannten Hunderasse, Tipps und Kniffe für den richtigen Umgang miteinander und für die Gestaltung von Alltag und Urlaub, dies alles hat Gesa Fenge hier vorgelegt. Dazu etwas Genetik, Fakten zur Zucht und Wissenswertes zur Gesunderhaltung des Hausgenossen. Warum angesichts all dessen also nicht ein Buch über den American Bulldog verlegen?

Als sehr kleiner und sehr junger Verlag haben wir uns dieser Aufgabe angenommen. Wir hoffen, dass das Ergebnis gemeinschaftlicher Arbeit den Erwartungen der Leser entspricht und Freunde findet. Wo immer es etwas zu verbessern geben könnte – bitte lassen Sie es uns wissen!

Angela Seidel
Achim Uhlenhut
im Januar 2002

Inhalt

Impressum	4
Vorworte	5
Inhalt	8
Geschichtliches	11
American Bulldog Standard	14
Der Charakter	21
Welpen, Welpen, Welpen …	22

Soll es wirklich ein Bulldog sein? … 22   Kinder und Bulldog? … 24
Rüde oder Hündin? … 24   Anforderungen an den Züchter … 27
Welpenauswahl … 29   Der Countdown läuft … 32
Es ist so weit! … 36   Die erste Nacht im neuen Heim … 38

Erste Schritte zum Miteinander … 39

Die richtige Grundeinstellung … 39   Wer ist hier der Boss? … 40
Stubenreinheit … 43   Die Kennel-Box … 44
Ein kleiner Fratz entdeckt die Welt … 46   Mit und ohne Leine … 49
Ruhe halten, „Sitz" und „Platz" … 55
Leckerchen, Spiel und der richtige Zeitpunkt … 57
Allein bleiben – kein Problem … 60

Beschäftigung mit dem Bulldog … 63

Im Hundesportverein … 63   Begleithundprüfung und Team Test … 64
Turnierhundsport … 65   Obedience … 68
Schutzdienst und Fährtenarbeit … 69   Beschäftigung zu Hause … 72
Fahrrad fahren … 73   Jump-and-run-Spiele … 75
Wie Hunde spielen … 75   Apportier-Spiele … 76   Suchspiele … 77

Ausstellungen … 80

Worum geht es eigentlich? … 80   Das Punkte-System der ABNA … 83
Punkteverteilung nach dem ABNA-System … 84   Showtraining … 85
Das „Steh"… 86   Das Vortraben … 88   Die Zahnüberprüfung … 88
Vorbereitungen für den großen Tag … 89
Der Tag vor der Ausstellung … 89   Das „Gepäck" … 90
Dabeisein ist alles … 90

Bulldog on Tour 92
    Wohin mit dem Hund im Auto? ... 92
    Urlaub mit American Bulldogs ... 93

Zucht 96
    Warum züchten? ... 96   Welpenkäufer beraten ... 97

Grundlagen von Zucht und Genetik 99
    Chromosome ... 99   Gene und Allele ... 99   Zuchtmethoden ... 102
    Inzucht ... 102   Linienzucht ... 104   Auskreuzung ... 105
    Anforderungen an die Zuchttiere ... 106   Die Hündin ... 106
    Der Deckrüde ... 107

Von der Läufigkeit bis zur Welpenaufzucht 108
    Die Läufigkeit (Hitze) ... 108   Der Deckakt ... 109
    Die Trächtigkeit ... 111   Die Geburt ... 112   Es geht los ... 113
    Die ersten Tage: Nicht ohne Gefahren ... 116
    Welpenaufzucht bis zur dritten Woche ... 116
    ... und ab der vierten Woche ... 117

Ernährung 119
    Proteine (Eiweiße) ... 120   Fette ... 120   Kohlenhydrate ... 120
    Mineralstoffe ... 121   Vitamine ... 121
    Auf die Mischung kommt es an! ... 121
    Fertigfutter oder Selbstgekochtes? ... 123
    Ergänzungsfuttermittel ... 125   Füttern: Wann und wo? ... 125

Über die Gesundheit 127
    Die Pflege des American Bulldog ... 127   Hundekrankheiten ... 129
    Entwurmen ... 133   Von Würmern und Welpen ... 134
    Krankheiten ... 135   Hüftgelenksdysplasie (HD) ... 136
    Ellenbogendysplasie (ED) ... 138   Demodikose ... 138
    Follikelkatarrh ... 138   Entropium ... 139   Ektropium ... 140
    Gebärmuttervereiterung ... 140   Vorhautentzündung ... 141
    Kopfzittern ... 142   Taubheit ... 142

Erste Hilfe 144
    Atemspende und Herzmassage ... 145   Schock ... 146
    Offene Verletzungen ... 148   Fremdkörper ... 148
    Knochenbrüche ... 149   Vergiftungen ... 149   Hitzschlag ... 150

Bulldogzucht heute 152
    Der American Bulldog in den USA ... 152
    Der American Bulldog in Deutschland ... 154

Anhang 156
    Danksagung ... 157   Literaturübersicht ... 158   Adressen ... 159

Geschichtliches

Der American Bulldog ist ein direkter Nachfahre der Bulldogge, wie sie bis ca. 1800 in England gehalten wurde.

Schon im 6. Jahrhundert v. Chr. gab es auf den britischen Inseln große doggenartige Hunde mit großen Köpfen und schweren Lefzen, die zum Viehtreiben, zur Jagd und auch im Krieg eingesetzt wurden.

Nach der Invasion der Römer begann die Zeit der Bulldogge in den römischen Kampfarenen. Doch auch in England wurden Tierkämpfe zum Volkssport, so dass die eigentlichen Aufgaben der Bulldoggen um eine sehr unschöne erweitert wurden. Zu Anfang waren diese Tierkämpfe Volksfesten ähnlich, denen das Interesse aller Schichten, besonders auch jenes des Adels, galt.

Gegen Ende des 18. Jahrhunderts jedoch erwachte beim englischen Adel ein Gefühl für die Unmenschlichkeit dieser Kämpfe. Es galt nun als unfein, sich bei solchen Veranstaltungen blicken zu lassen. Mehr und mehr wurden Tierkämpfe und die damit verbundenen Wetten zu einem Sport der armen Leute. Diese Entwicklung fand zeitgleich mit der Industrialisierung Englands statt, die von einem ungeheuren Bevölkerungswachstum begleitet war. Die Industrialisierung brachte aber auch eine furchtbare Not und Ausbeutung mit sich. Die Hunde dieser armen Menschen waren nahezu alles, was sie zum Trost hatten. Zusätzlich boten sie Schutz vor Dieben aus den eigenen Reihen, die den Armen das wenige, was sie noch hatten, zu nehmen drohten. Wenn die Hunde dann auch noch – erfolgreich in Kämpfen eingesetzt – den kärglichen Lohn aufbesserten, lohnte sich die Hundehaltung zusätzlich. Ein geschickter Kampfhund brachte schnell ein vielfaches des monatlichen Lohns ein. Außerdem stieg das Ansehen eines solchen Hundebesitzers enorm, was in Zeiten allgemeiner Geringschätzung des menschlichen Individuums ein durchaus erheblicher Faktor war. Ähnliche Tendenzen sind auch heute noch in den so genannten Entwicklungsländern zum Beispiel mit dem Hahnenkampf zu beobachten.

Von den oberen Volksschichten ausgehend wurde allerdings der Wunsch nach einem Verbot der Tierkämpfe laut. Aber erst um 1850 unterband das englische Parlament die im Untergrund weiterhin durchgeführten Kämpfe weitgehend.

Diese Entwicklung um 1800 wäre dem Bulldog, so wie er zu jener Zeit aussah, beinahe zum Verhängnis geworden. Die Tierkämpfe waren in den angesehenen Kreisen verpönt und wurden später dann glücklicherweise auch verboten. Für den Einsatz beim neuen „Sport" der Engländer, den Hundeausstellungen, eignete sich der Bulldog vorerst nicht, da das Erscheinungsbild viel zu unterschiedlich und vor allem sein Ruf viel zu schlecht war. So waren Bulldoggen denn auch auf den ersten englischen Hundeausstellungen um 1855 gar nicht zugelassen. Aber bereits 1860 waren erste Vertreter der Rasse auf Ausstellungen zu sehen. Die Geschichte des English Bulldog, so wie wir ihn heute kennen, hatte damit begonnen. Beliebt waren hier die schweren, kurzbeinigen Hunde, die den Tieren des älteren aber sportlicheren Typus deutlich vorgezogen wurden. Diese waren schon bald nur noch sehr selten zu sehen.

Für den Bulldog des alten Typs waren die großen Probleme Englands während der Industrialisierung allerdings die Rettung. Not und Mangel, Überbevölkerung und Ausbeutung liessen die Kriminalitätsrate ins Unermessliche steigen. Die Gefängnisse quollen über und für die Bevölkerung waren nicht genügend Nahrungsmittel vorhanden.

Aus diesen Gründen wurden englische Gefangene samt ihrer Familien in die englischen Kolonien in Georgia/Amerika ausgesiedelt. Und eben diese Aussiedler nahmen mit ihrem ganzen Hab und Gut auch ihre noch verbliebenen Bulldoggen mit; vielleicht sogar nicht zuletzt wegen deren großer Kinderfreundlichkeit. So mancher Vater konnte sicher nicht den Tränen seines Nachwuchses widerstehen und den geliebten Hund zurück lassen, zumal auf der langen Reise ein Wächter auch nützlich sein konnte.

In der neuen Welt angekommen, stellten diese Hunde erneut ihr Geschick im Treiben von Vieh, beim Bewachen des hier mühsam erarbeiteten Hab und Gutes vor Neidern, aber auch vor wilden Tieren sowie auch bei der Jagd unter Beweis. Auf diese Weise machten sie sich den amerikanischen Farmern unentbehrlich, was zur Folge hatte, dass die Amerikanische Bulldogge, der American Bulldog oder auch White English und Old Southern White so überlebte, wie wir ihn heute kennen.

Der American Bulldog der damaligen Zeit war ein reiner Farm- und Arbeitshund, dessen Äußerlichkeiten für die Zucht nur eine sehr geringe Rolle spielten.

Als das Interesse auch der Amerikaner an Hundeausstellungen erwachte und der American Kennel Club (AKC) gegründet wurde, war das Land noch vom Bürgerkrieg gespalten. Der Norden stellte seinerzeit das Zentrum der Amerikanischen Kultur dar, während der Süden als arm und unterentwickelt galt. Sogar einige Hunderassen aus dem Süden wurden aus diesem Grunde vom AKC nicht anerkannt. Sie galten als „gewöhnlich" und variierten oft erheblich im äußeren Erscheinungsbild, was in einer nur auf Arbeitstauglichkeit ausgerichten Zuchtauswahl begründet war.

Auf den großen Farmen Amerikas blieb dies teilweise bis heute so. Auch viele Liebhaberzüchter in den USA züchten heute noch arbeitsfähige und sportliche Bulldogs, die allerdings auch vorzüglich als reine Familienhunde gehalten werden können. Mittlerweile haben allerdings auch viele Bulldog-Freunde – nicht nur in Amerika – den Reiz von Ausstellungen entdeckt, was wiederum die Gefahr einer reinen Ausstellungszucht mit ihren typischen Problemen in sich bringt.

Jeder Bulldog-Züchter sollte daher größten Wert auf die Gesundheit und korrekte Anatomie seiner Zuchttiere legen und sich immer vor Augen halten, dass der American Bulldog ein zwar schwerer, aber auch ein athletischer und arbeitsfähiger Hund ist – ohne jegliche Übertreibung.

American Bulldog Standard

Erstellt von der American Bulldog National Alliance (ABNA)
Aus dem Englischen übersetzt von Gesa Fenge

Allgemeine Erscheinung

Der American Bulldog ist ein athletischer, temperamentvoller und mittelgroßer bis großer Hund, der über große Kraft, Beweglichkeit und Sicherheit verfügt. Sein Ausdruck sollte Intelligenz und Wachsamkeit widerspiegeln. Der stämmige, kraftvolle und kompakte Rahmen ist charakteristischerweise bei Rüden noch untersetzter und knochenstärker als bei den etwas feineren Hündinnen.

Einige Zurückhaltung gegenüber Fremden und Dominanz gegenüber anderen Hunden sind erlaubt. Ein American Bulldog darf jedoch weder extrem ängstlich oder scheu noch aggressiv gegenüber Menschen sein – und ganz besonders auch nicht gegenüber anderen Hunden.

Aufgrund seiner kennzeichnenden physischen und mentalen Eigenschaften und mit seinem Bestreben, ein perfekter Kumpel und Arbeitshund zu sein, sollte der American Bulldog niemals mit absolut andersartigen Hundrassen wie dem American Staffordshire Terrier oder dem American Pit Bull Terrier verwechselt werden.

Anmerkung der ABNA:

ABNA-Richter sind speziell gefordert, verantwortungsvoll die rassetypische Ausgeglichenheit des Wesens sowie die phänotypische Einheitlichkeit aller Hunde abzuschätzen. Tiere, die ein nicht mehr akzeptabel unsicheres Wesen zeigen, sind vom Wettbewerb auszuschließen.

Die beiden unterschiedlichen Typen des American Bulldogs offiziell anerkennend, fordert die ABNA, dass diese getrennt gerichtet werden.

Obwohl die ABNA beschlossen hat, die zwei American Bulldog-Typen als *Classic*, sonst Johnson, und *Standard*, sonst Scott, zu benennen, bedeutet dies nicht, dass sie diesen beiden Männern, welche so bedeutend zu dieser Rasse und ihrer Erhaltung beigetragen haben, nicht den gebührenden Respekt und die entsprechende Würdigung entgegen bringt. Damit will die American Bulldog National Alliance der Tatsache gerecht werden, dass es zahlreiche gute American Bulldog-Züchter gegeben hat.

Schulterhöhe, Gewicht und Gesamterscheinung

Rüden sollten 56 bis 71 cm hoch und 35 bis 60 kg schwer sein.

Hündinnen sollten 51 bis 66 cm hoch und 30 bis 50 kg schwer sein.

Das Gewicht sollte zur Schulterhöhe und zum Körperbau passen. Ein Hund sollte weder über- noch untergewichtig sein.

Gesamterscheinung

    Standard: Das Erscheinungsbild des Hundes ist schlanker und athletischer

    Classic: Das Erscheinungsbild des Hundes ist grösser und kräftiger.

Standard-Typ: *Joshua´s J&S AE*

Farbe

Weiß oder Weiß mit Flecken unterschiedlicher Ausdehnung in allen Schattierungen von gestromt, Braun, Rot oder Gelbbraun.

Rein Schwarz und/oder jede Schattierung von Merle sind nicht erlaubt. Eine komplett schwarze Maske ist nicht bevorzugt.

Fell

Kurz, weniger als 2,5 cm lang und variierend von weich bis hart.
Langes, federiges oder krauses, wuscheliges Haar ist nicht erlaubt.

Kopf

Der Kopf sollte im Verhältnis zur Größe des Hundes und zu seinem Körperbau relativ groß und breit sein.

Die Schädeldecke sollte flach sein und quadratisch wirken. Zwischen den Augen befindet sich eine deutliche Rinne.

Der Stop ist abrupt und tief.

Der Kopf ist durchgehend gut bemuskelt, mit vorspringenden Wangen. Ein extrem schmaler Kopf ist bei beiden Typen nicht erlaubt.

Standard: Insgesamt kastenförmig bis keilförmig in der Erscheinung, mit einem leicht flacheren Stop und weniger faltig.

Classic: Insgesamt kastenförmig bis rund in der Erscheinung, mit einem ausgeprägteren Stop und stärkerer Faltenbildung.

Augen

Die Augen sollten rund und mittelgroß sein. Sie sollten weit auseinander liegen. Schwarz oder dunkelbraun sind die bevorzugten Farben. Schwarze Augenränder sind ebenfalls bevorzugt. Schielen und/oder unsymmetrische Augen sind fehlerhaft.

Fang

Der Fang sollte relativ breit und quadratisch sein. Die großen Kiefer sind gut bemuskelt und lassen auf große Stärke schliessen.

Standard: Der Fang sollte 30% – 40% der gesamten Kopflänge ausmachen.

Classic: Der Fang sollte 25% – 35% der gesamten Kopflänge ausmachen.

Die Lefzen sind voll aber nicht lose. Schwarz pigmentierte Lefzenränder sind bevorzugt.

Der Standard

Classic-Typ: *White Bull´s DK Amageddon (DK)*

Zähne

Der American Bulldog sollte über 42 bis 44 Zähne verfügen. Große Zähne sind zu bevorzugen.

Bei Arbeitshunden sind abgebrochene Zähne nicht zu bestrafen. Ist eine tierärztliche Entfernung von Zähnen notwendig, so muss hierüber ein tierärztliches Zeugnis vorliegen.

Zahnstand

Die Zähne sollten bei beiden Typen bei geschlossenem Fang nicht sichtbar sein. Ein Scherengebiss ist bei beiden Typen fehlerhaft.

Standard: Ein leichter Vorbiss wird bevorzugt (entgegengesetztes Scherengebiss). Ein mäßiger Vorbiss, Scheren- oder Zangengebiss werden geduldet.

Classic: 0,6 cm bis 1,3 cm Vorbiss werden bevorzugt. Ein Zangengebiss ist nicht bevorzugt.

Nase

Schwarz ist die gewünschte Farbe. Eine rote, braune oder graue Nase ist zulässig, eine pinkfarbene oder gepunktete Nase ist fehlerhaft.

Ohren

Die Ohren sollten von mittlerer Größe sein. Sie dürfen, ohne Bevorzugung, sowohl als Schlapp-, als auch als Rosenohr fallen (in den USA sind kupierte Ohren noch zulässig).

Hals

Der Hals sollte von mittlerer Länge und sehr muskulös sein. Er sollte sich von den Schultern zum Kopf verjüngen und leicht gebogen sein.

Schultern

Die Schultern sollten ebenfalls muskulös und gut definiert sein. Die Schulterblätter sollten gut geneigt sein und einen Eindruck großer Kraft geben.

Brust

Die tiefe, breite Brust bringt Kraft und athletische Fähigkeit zum Ausdruck. Der Brustkasten ist gut proportioniert und ausbalanciert. Die Front sollte insgesamt gerade und gut ausbalanciert sein. Die Brust darf weder schmal noch extrem breit sein, auch dürfen sich die Ellenbogen weder aus- noch eindrehen.

Körper

Der Körper sollte kompakt und relativ kurz sein, kraftvoll und athletisch in der Erscheinung, gut proportioniert und ausbalanciert. Die Rippenbögen müssen gut gebogen und ausgeprägt sein, die Lenden mäßig zurückgesetzt. Der Körper darf nicht übermäßig lang sein.

Rücken

Der Rücken sollte breit und relativ kurz sein und grosse Kraft zum Ausdruck bringen. Er ist über den Lenden leicht aufgezogen. Der Rücken darf weder schmal noch weich sein.

Standard: Eine geradere, ebenere obere Linie wird bevorzugt.

Classic: Der Eindruck, der Hund sei hinten leicht überbaut, wird geduldet.

Läufe

Die Läufe sollten kräftig und gerade sein, mit mäßigen bis schweren Knochen. Gut bemuskelt vorne und hinten. Die Hinterläufe sollten relativ gewinkelt und parallel sein. Die Wickelung darf weder übermäßig noch gar nicht vorhanden sein. Starke O-Beine und/oder Kuhhessigkeit sind inakzeptabel.

Hinterhand

Die Hinterhand sollte kräftig und rund sein und über eine gut definierte Muskulatur verfügen und nicht so breit wie die Schultern, aber gut ausbalanciert sein. Die Hüften sollten weder schmal noch schwach bemuskelt sein.

Rute

Die Rute ist tief angesetzt, kräftig am Ansatz und sich zum Ende hin verjüngend. Entspannt sollte sie bis zu den Sprunggelenken reichen. Sie sollte nicht in einem geschlossenen Kreis enden. (In den USA werden kupierte Ruten akzeptiert.)

Typisch aufgebauter Standard-Rüde

Pfoten

Die Pfoten sollten von mäßiger Größe sein. Mit gut aufgeknöcherten Zehen und engen Zehenzwischenräumen. Sie sollten nicht gespreizt sein.

Gangwerk

Der American Bulldog sollte sich mit Geschwindigkeit, Beweglichkeit, Kraft und einer gewissen Elastizität im Schritt bewegen. Alle Läufe bewegen sich parallel zur Laufrichtung, wobei sich die Vorderläufe deutlich strecken und die Hinterläufe den Hund vorwärts schieben. Die Läufe sollten sich nicht extrem breit bewegen. Kreuzende Vorder- und/oder Hinterläufe sind fehlerhaft.

Standard: Ein strafferes, athletischeres Gangwerk wird bevorzugt.

Classic: Ein rollender Gang wird akzeptiert.

Anmerkung zum Standard

Rüden mit weniger als zwei komplett in den Hodensack abgestiegenen Hoden, taube Hunde sowie kastrierte oder sterilisierte Hunde dürfen nicht im Show-Ring vorgeführt werden.

Es sei noch eine weitere, ergänzende Anmerkung der Autorin gestattet:

Zwar werden Hunde des Standardtyps und des Classic-Typs getrennt gerichtet, in der Zucht erfolgt aber weder in den USA noch in Europa eine Trennung. Aus diesem Grund gibt es auch Hunde, die nicht problemlos einem Typ zugeordnet werden können, die sogenannten Hybrid-Hunde. Hierbei handelt es sich teilweise um sehr korrekte, attraktive Tiere, die erfolgreich in *beiden* Klassen ausgestellt werden können.

Der Charakter

Dickschädel und Sensibelchen

Aufgrund seiner Herkunft ist der American Bulldog ein neugieriger, recht wachsamer, freundlicher und sehr familienbezogener Hund. Seinem Rudel gegenüber wird ein Bulldog immer absolut loyal sein, wobei es keine Rolle spielt, ob das Rudel nur aus Menschen oder auch aus anderen Lebewesen besteht. Wer oder was zur Familie gehört wird akzeptiert und wenn nötig auch verteidigt.

Als Farm- und Jagdhunde neigen einige Bulldogs zu Eigenständigkeit und einem gewissen Dickschädel auf der einen Seite, auf der anderen Seite aber sind sie enorme Sensibelchen. Daher ist eine sehr konsequente, jedoch liebevolle Erziehung unerlässlich.

Da diese Rasse auch im Ursprungsland noch immer zu Arbeitszwecken gezüchtet wird, benötigen American Bulldogs ausreichend Beschäftigung, wie zum Beispiel Fahrradfahren, viel Spielen, Obedience, Turnierhundsport und vieles mehr. Hierzu wird einiges in diesem Buch zu finden sein.

Ein besonders hervorzuhebender Wesenszug des Bulldogs ist seine unglaubliche Gefräßigkeit. Die meisten Tiere machen vor nichts, was einigermaßen genießbar ist, halt und auch versuchter oder vollendeter Mundraub in unbewachten Augenblicken ist keineswegs auszuschließen!

Bild links:

Standard-Kopfstudie.
Der Hund zeigt das erwünschte vorzügliche Pigment

Welpen, Welpen, Welpen ...

Soll es wirklich ein Bulldog sein?

Obwohl der American Bulldog zu den Molossern gezählt wird, gehört er, verglichen etwa mit der Bordeaux Dogge oder dem English Bulldog, eher zu den anspruchsvollen Rassen.

Als Arbeitshund auf großen amerikanischen Farmen ist er intelligent, aufmerksam und im großen und ganzen bewegungsfreudig. Neben engem Familienanschluss benötigt er daher ein gewisses Maß an täglichem Auslauf. Ist er erst ausgewachsen, so sollte er mindestens zwei Stunden täglich laufen, entweder am Fahrrad oder zu Fuß.

In einer winzigen Stadtwohnung kann ein Bulldog allein schon wegen seiner körperlichen Ausmasse nur schlecht gehalten werden, obwohl er ausgelastet ein sehr angenehmer Hausgenosse ist. Aber auch ein Haus mit eingezäuntem Garten ist keine Voraussetzung für ein glückliches Bulldog-Leben.

Ist aber ausreichende Bewegung gewährleistet, kann ein Bulldog auch problemlos in einer größeren Wohnung ohne Gartenzugang leben. Im günstigsten Fall sollte die Möglichkeit zu ausgedehnten Spaziergängen bestehen – ohne vorherige Autofahrt.

Damit die Intelligenz des Bulldogs nicht verkümmert, sollten zusätzlich etwa fünf Minuten täglich dem „Gehorsamstraining" gewidmet werden. Dies bedeutet nicht tägliche Unterordnung im Kasernenhofton sondern vielmehr das konsequente Fordern der geistigen Leistungsfähigkeit des Hundes (siehe: „Beschäftigung für den Bulldog"). Hierbei hat der Bulldog viel Spaß und muss seine Fähigkeiten nicht am neuen Sofa oder an den teuren Teppichen erproben.

Grundsätzlich benötigt der American Bulldog eine konsequente, faire und liebevolle Führung, da er durch seine Intelligenz in Verbindung mit einer leichten Neigung zur Dickköpfigkeit sonst sehr schnell lernt, den Alltag nach seinen Vorstellungen zu gestalten. Auch für die körperliche und geistige Auslastung sollte gesorgt werden, da der Bulldog sich sonst selbst Beschäftigung verschaffen könnte. Meist unerwünschte Betätigungsfelder gibt es in Unmengen, wie beispielsweise das Anlegen einer Kraterlandschaft im gepflegten Garten oder den Weitsprung über die neue Sofaecke.

Ein letzter Punkt, der bei einer Entscheidung für den American Bulldog nicht außer Acht gelassen werden sollte, ist die bedauerliche Reaktion mancher Menschen, die beim täglichen Spaziergang auf der Strasse getroffen werden. Ein so

Bild links: *Böhmer´s Anna* **(D) ist ein typischer, aktiver Bulldog**

Bild unten: *Joshua´s Ol´Southern White* **(USA)**

großer und massiger Hund erweckt in unserer von den Meldungen mancher Medien aufgeschreckten Gesellschaft oft Angst und Abneigung. Weshalb jeder Bulldog-Besitzer in dieser Hinsicht tolerant gegenüber der Angst seiner Mitmenschen, jedoch auch dickfellig und nicht aus der Ruhe zu bringen sein sollte.

Wird man unfreundlich angesprochen, sollte man dennoch immer freundlich bleiben. Vielleicht können ja auch ein paar nette, erklärende Worte und ein freundlicher Hund doch den Einen oder Anderen von seinen Vorurteilen abbringen.

Kinder und Bulldog?

Grundsätzlich mag der American Bulldog Kinder sehr. Für ihn gehören sie selbstverständlich mit zum Rudel und müssen als „Jungtiere" besonders beschützt werden. Dies bedeutet aber keineswegs, dass ein Bulldog ein ideales Kinderspielzeug mit eingebauter Wachfunktion darstellt.

Ein erwachsener Bulldog behandelt Kinder sehr geduldig und nachsichtig, doch bösartig drangsalieren und erziehen lässt er sich von ihnen nicht. Um einen kinderfreundlichen Hund zu bekommen, benötigt man in erster Linie hundefreundliche Kinder, die von den Eltern gelernt haben, den Hund zu respektieren.

Spielen die Kinder mit dem Hund, so sollte immer eine erwachsene Bezugsperson des Hundes dabei sein, damit das Spiel nicht möglicherweise eskaliert. Auf diese Weise wird sichergestellt, dass die Kinder nicht ihren Frust und ihren Übermut am Hund auslassen. Oder dass sie einmal ausprobieren, was mit einem Hund so alles anzustellen ist. Sonst nämlich könnte er ihnen irgendwann auf seine Hundeart Respekt beibringen.

Gerade dem Welpen muss ermöglicht werden, sich zurückzuziehen. Anderenfalls wird er sehr schnell lernen, dass Kinder unberechenbare Monster sind, die für ihn nur Stress bedeuten. Dass ein solcher Hund keine Kinder liebt, ist dann kein Wunder.

Rüde oder Hündin? Überlegungen zum Geschlecht

Rüden sind in der Regel noch schwerer und kräftiger als Hündinnen. Sie markieren ihr Revier durch „Bein heben".

Hündinnen werden meist zwei Mal im Jahr läufig und sind dann für gut drei Wochen möglichst von allen Rüden der Umgebung – gleich welcher Rasse – fern zu halten. Dies bringt natürlich einige Unannehmlichkeiten für den Rest der Familie mit sich. Rüden werden zwar nicht läufig, aber sie reagieren auf jede läufige Hündin in der Nachbarschaft möglicherweise mit Jaulen, Futter-

Ein erwachsener Bulldog ist gegenüber Kindern sehr geduldig.

verweigerung oder Ausbruchsversuchen. Einige Rüden zeigen sogar an nicht läufigen Hündinnen ein gesteigertes Interesse, was natürlich weder für die betroffenen Hündinnen noch für die Familie des Rüden sehr angenehm ist.

Rüden neigen in der Regel eher zur Unabhängigkeit und oft treten sie auch dominanter auf. In der Familie mit kleinen Kindern erweisen sich jedoch gerade die Rüden als unglaublich geduldig. Auch im Wolfsrudel übernehmen sie die Rolle des Erziehers sehr spät. Dies ist in erster Linie Aufgabe der Hündinnen, die daher auch mit dem menschlichen Nachwuchs weniger nachsichtig sind. Hündinnen sind andererseits meist sehr anhänglich und schmusig. Sie versuchen deutlich weniger, die Führungsrolle an sich zu reißen. Aus diesem Grunde sollte jeder Ersthundehalter möglichst eine Hündin auswählen.

Vollständig sollte man sich trotzdem nicht auf diese allgemeinen Wesensunterschiede verlassen, denn genauso wie es dominante und unabhängige Hündinnen gibt, existieren auch verschmuste, wenig dominante Rüden. Daher ist es immer besonders wichtig, einen guten Züchter zu finden, der ehrliche Auskunft über die Wesenseigenschaften jedes einzelnen Welpen aus dem Wurf geben kann. Weit wichtiger als das Geschlecht ist, dass das Wesen des Welpen zu den Ansprüchen seiner zukünftigen Familie passt.

Existiert schon ein Hund in der Familie, so sollte dessen Geschlecht bei der Wahl des Welpen nicht außer Acht gelassen werden. In diesem Fall wäre es am sinnvollsten, einen Welpen des anderen Geschlechts zu wählen, da so beide mit Sicherheit ein harmonisches Pärchen werden. Soll nicht gezüchtet werden, ist eine Kastration eines oder beider Tiere sehr zu empfehlen. Anderenfalls müssen die Beiden zwei Mal im Jahr für mindestens drei Wochen getrennt werden, was natürlich für alle Beteiligten sehr belastend ist.

Zwei gleichgeschlechtliche Hunde unter einem Dach führen oft zu Reibereien. Hier können besonders Hündinnen recht „zickig" sein. Aber auch bei Rüden bleiben Rangordnungskämpfe nicht aus.

Sollen dennoch zwei Tiere des selben Geschlechts gehalten werden, so muss die Rangfolge der beiden untereinander unbedingt genau eingehalten werden. Immer erhält der dominantere Hund sein Futter zuerst, wird zuerst gestreichelt und begrüßt. Nur so können ernsthafte Streitigkeiten auf Dauer vermieden werden.

Bild rechts: Viel Raum zum Spielen im Freien ist wichtig für die Hundekinder.

Bild unten: Welcher wird es sein?

Anforderungen an den Züchter

Gerade weil der American Bulldog in Europa zu den eher seltenen Rassen zählt, sollte die Welpensuche mit der Suche nach einem geeigneten Züchter beginnen. Hier muss allerdings in jedem Fall mit recht langen Anfahrtswegen gerechnet werden. Dies darf jedoch einen ernsthaften Interessenten nicht abschrecken.

Auch ist wahrscheinlich, dass nicht zu jeder Zeit einer der erwählten Züchter Welpen abzugeben hat. In diesem Fall ist es unbedingt ratsam, auf einen der nächsten Würfe zu warten und nicht mit einem Kompromiss vorlieb zu nehmen, haben doch die ersten acht Wochen beim Züchter haben großen Einfluss auf die Entwicklung des Welpen, sowohl in Bezug auf die Prägung als auch auf seine Ernährung.

Adressen verschiedener Züchter sind in guten Hundezeitschriften, im Internet, aber auch über die verschiedenen Clubs und Vereine zu finden (Angaben dazu im Anhang). Von der Qualität der einzelnen Züchter muss sich allerdings jeder Welpeninteressent selbst überzeugen, da den schönen Worten aus Zeitungsinseraten ebenso nur bedingt zu trauen ist wie der Kritik anderer Züchter oder „erfahrener" Hundehalter.

Ein seriöser Züchter ist jederzeit bereit, objektive Informationen über die Rasse zu geben. Er nimmt sich viel Zeit für Rasse-Interessenten, auch für Neulingen, und das unabhängig von ihrem Kaufinteresse. Des weiteren sollte es nach vorheriger Absprache möglich sein, den Züchter zu besuchen, um sich an Ort und Stelle von den Gegebenheiten überzeugen zu können, auch wenn gerade keine Welpen erwartet werden.

Besonders schön ist die Aufzucht der Welpen im Haus oder in einem nahegelegenen Welpenraum mit viel Kontakt zur Züchterfamilie und zur Außenwelt. Ferner müssen die kleinen Hunde genügend Raum für Spiele im Freien haben. Die Welpen, die Althunde des Züchters und ihr Umfeld sollten einen gesunden, sauberen und gepflegten Eindruck machen. Interessantes, welpengeeignetes Spielzeug ist ein Muss für die positive Entwicklung junger Hunde.

Beim Betreten des Welpenauslaufes sollten die Kleinen sich freudig auf den Besuch stürzen und sich auf keinen Fall vor diesem verkriechen. Sie sollten sauber sein und weder zu fett noch zu dünn wirken. Dicke aufgeblähte Bäuche und stumpfes Fell weisen auf Verwurmung oder Fehl-Ernährung hin.

Einem guten Züchter ist viel an Kontakt zum Käufer gelegen, auch nach der Übergabe des Welpen. Das ist für den späteren Besitzer sehr wertvoll, da er bei Fragen und Problemen einen hoffentlich qualifizierten Ansprechpartner hat. Damit dieser Kontakt bestehen bleibt, sind freilich gegenseitiges Vertrauen und auch eine gewisse Sympathie unerlässlich.

Zu guter Letzt sollte man sich unbedingt die Hüftgelenksdysplasie (HD)-Auswertungen der infrage kommenden Elterntiere, erstellt von einem dafür zugelassenen Tierarzt, oder eine Bescheinigung der Orthopedic Foundation for Animals (OFA) zeigen lassen, um hier möglichen Überraschungen vorzubeugen.

Die Welpen sollten einen sauberen, gepflegten Eindruck machen.

Hat man bei dem Besuch der Zuchtstätte nun einen in allen Punkten positiven Eindruck erhalten, so kann – falls gerade Welpen da sind – der zum eigenen Umfeld passende kleine Hund ausgewählt werden. Hierbei sollte man sich vom engagierten Züchter unbedingt beraten lassen, da er die verschiedenen Charaktere seiner jungen Zöglinge sicherlich am besten kennt. Ein verantwortungsbewusster Züchter wird diese Beratung als selbstverständlich ansehen und einem Interessenten keinen Welpen überlassen, der aus seiner Sicht nicht dessen Bedürfnissen entspricht. Auch wenn dies unter Umständen bedeuten sollte, jemandem ganz von einem American Bulldog als neuem Familienmitglied abzuraten.

Welpenauswahl

Frühestens ab einem Alter von vier Wochen können die verschiedenen Charaktere der Welpen einigermaßen zuverlässig unterschieden werden. Daher wird ein vernünftiger Züchter die Auswahl der Welpen natürlich möglichst bis zu diesem Zeitpunkt aufschieben.

Die Auswahl eines Welpen sollte in erster Linie eine Sache des Verstandes und weniger des Herzens sein. Niemals, wirklich niemals sollte ein Welpe aus Mitleid gekauft werden. In diesem Fall wird nur das Leid der nächsten, der „nachproduzierten" Tiere herausgefordert. Nur wenn ein solcher Züchter – oder richtiger: „Vermehrer" – auf seiner „Handelsware" sitzen bleibt wird er die „Produktion" über kurz oder lang einstellen.

Auch wenn solche Tiere vielleicht in der Anschaffung günstiger sind können die durch eine unweigerlich mangelhafte Aufzucht und die fehlende Zuchtplanung entstandenen Krankheiten schnell Kosten von mehreren tausend Mark verursachen. Ganz abgesehen von dem Leid, das ein solches Tier und dann auch seine Familie durchstehen müssen.

Ist der Tag der Entscheidung nun gekommen, so sollte schon feststehen, welche Anforderungen an das künftige Familienmitglied gestellt werden. Wird der Hund zu Hause schon von einer lebhaften Familie mit kleinen Kindern erwartet, so sollte ein Tier im mittleren Dominanzbereich gewählt werden, das auf keinen Fall zu phlegmatisch, aber auch nicht übertrieben lebhaft sein sollte.

Das selbe trifft für einen Welpen, der als Ersthund ausgewählt wird, zu.

Sowohl die sehr dominanten als auch die eher zurückhaltenden Hunde gehören vorzugsweise in erfahrenere Hände in denen sie ihrem Wesen entsprechend gefördert werden können.

Angenommen, der Züchter hat sich – obwohl er seine Welpen gut aufzieht und auf verschiedene Umweltreize prägt – nicht genügend mit den Charakteren der Kleinen beschäftigt und der zukünftige Besitzer muss innerhalb der kurzen Zeit von ein bis zwei Stunden den für ihn geeigneten Welpen ohne weitere Hilfen ermitteln, so könnte ein Welpentest als Entscheidungshilfe durchgeführt werden. Dieser ist aber erst in einem Welpenalter von etwa sieben Wochen an voll aussagekräftig. Da die Kleinen den zukünftigen Welpenbesitzer meist noch nicht näher kennen, ist er selbst die geeignete Testperson. Hierzu sollte der zu testende Hund in einen Raum gebracht werden, der ihm möglichst fremd ist.

Wichtig aber: Vor der Durchführung dieser kleinen Tests muss der Züchter in jedem Fall und unbedingt um Erlaubnis gebeten werden.

Der erste Test zeigt, wie offen sich der Welpe fremden Personen gegenüber verhält. Hierbei wird der kleine Hund etwa zwei Meter von der Testperson entfernt abgesetzt. Diese kniet sich nun nieder und versucht, ihn durch Klopfen auf den Boden, leichtes Klatschen und freundliches Ansprechen zu sich zu locken. Der ideale Welpe läuft nun mit freudig wedelnder Rute auf die Testperson zu und lässt sich von dieser kräftig knuddeln. Zeigt das Tier sich jedoch eher desinteressiert, ängstlich oder läuft sogar fort, dann sollte es nur von erfahrenen Hundehaltern gewählt werden.

Der zweite Test zeigt, ob der kleine Bulldog bereit ist, Menschen zu folgen. Hierzu erhebt sich die Testperson langsam und versucht, den Hund mit sich zu locken. Folgt er nicht oder läuft sogar weg, so sollte auch dieser Welpe nur zu erfahrenen Hundebesitzern gegeben werden. Ein Welpe der zwar folgt, aber ständig versucht, in die Füße zu beißen, sollte nicht unbedingt von Familien mit kleinen Kindern ausgewählt werden.

Bild oben: Sozialisierung mit anderen Haustieren bereits beim Züchter ist optimal.

Bild links: Tunnel sind sehr beliebt beim Welpenspiel.

Der dritte Test sagt aus, wie dominant der Welpe veranlagt ist. Hierbei dreht die kniende Testperson den Welpen auf den Rücken und hält ihn in dieser Lage etwa eine halbe Minute lang fest. Ein Welpe im mittleren Dominanzbereich wird sich anfangs kurz sträuben und dann aufgeben. Er wird sich also einigermaßen entspannt in dieser Position halten lassen. Gibt er nicht auf oder versucht sogar zu schnappen, so handelt es sich um ein recht dominantes Tier, das auch später öfter versuchen wird, eine möglichst hohe Position im Rudel, in der Familie, zu ergattern. Solch ein Hund gehört immer nur in erfahrene Hände.

Der vierte Test soll Aufschluss über die Geräuschempfindlichkeit des Tieres geben und nach Möglichkeit erst zum Schluss durchgeführt werden. Dreht der Welpe der Testperson einen Moment lang den Rücken zu, so klopft diese auf einen Blechnapf, eine Dose oder Ähnliches (nicht auf den Welpen und ohne ihn zu erschlagen). Der Welpe darf sich erschrecken, sollte aber nach kurzer Zeit neugierig nach der Quelle des Geräusches suchen.

Es gibt immer wieder Situationen, in denen ein zu geräuschempfindlicher Hund sich und seine Besitzer in Gefahr bringen kann. Deshalb ist gerade dieser vierte Test wichtig.

Wenn mit dem Welpen später im Hundesport gearbeitet wird, so sollte abschließend auch noch ein fünfter Test durchgeführt werden. Dieser zeigt, wie ausgeprägt der Spieltrieb des Welpen ist. Eben dieser Trieb ist für eine spätere Ausbildung nahezu unerlässlich. Hier hockt sich die Testperson wieder auf den Boden und spielt mit einem kleinen Tau oder Tuch. Der Welpe sollte sich in diesem Fall jetzt interessiert nähern und versuchen, das Spielzeug zu fassen. Jetzt wird es ein Stück weit fort geworfen. Der Welpe sollte nun sofort folgen und das Spiel vielleicht sogar aufnehmen und zur Testperson zurück- oder aber „in Sicherheit" bringen.

Natürlich sollte die Entscheidung für den einen oder anderen Welpen nicht nur oder gar ausschließlich auf der Grundlage dieser Tests gefällt werden, da die Tagesform der einzelnen kleinen Hunde großen Schwankungen unterworfen ist. Weiterhin wichtig ist natürlich auch das Verhalten gegenüber den Wurfgeschwistern und letzten Endes einfach die Sympathie zwischen Mensch und Hund.

Ein Welpe, der in allen Teilen des Tests positiv reagiert hat, ist jedenfalls vom Wesen her gut veranlagt und eignet sich als Familienhund wie auch zum späteren Einsatz im Hundesport. Haben aus einem infrage kommenden Wurf jedoch die meisten Welpen in fast allen Teilen des Tests negativ oder gar nicht reagiert, so sollte vielleicht eher davon abgesehen werden, überhaupt einen Hund aus diesem Wurf auszuwählen.

Dieser Test ist letztlich auch für den Züchter empfehlenswert, da er die täglichen Beobachtungen im Rudel noch zusätzlich untermauert. Um genauere Ergebnisse zu erzielen, sollte er aber an verschiedenen Tagen, von mehreren Testpersonen und zu unterschiedlichen Tageszeiten durchgeführt werden.

Der Countdown läuft ...

Nun ist der Welpe also ausgewählt, und in der Regel sind jetzt noch etwa drei bis vier Wochen Zeit, die Ankunft des Hundekindes, des neuen Hausgenossen in aller Ruhe vorzubereiten.

Ideal wäre es natürlich, den Welpen noch mindestens einmal vor der Übernahme zu besuchen, aber bei den teilweise sehr langen Anfahrtswegen ist dies wahrscheinlich leider nicht immer möglich.

Zuerst sollte überlegt werden, ob die eigene Wohnung einigermaßen welpensicher ist. Offenliegende Kabel beispielsweise sollten möglichst aus der direkten Reichweite des kleinen Entdeckers entfernt werden.

Auch der sündhaft teure Perserteppich sowie alle Pflanzen, die entweder giftig, teuer oder beides sind, sollten vorerst anderweitig untergebracht werden. Nebenbei: Da nie mit Sicherheit gesagt werden kann, dass auch ein erwachsener Hund nicht plötzlich Appetit auf etwas Pflanzliches verspürt, sollten alle auch nur im entferntesten giftigen Pflanzen grundsätzlich nicht in Räumen stehen, die dem Hund zugänglich sind.

Im Haus vorhandene Treppen sollten in der ersten Zeit unzugänglich gemacht werden, da es für die Gelenke großwüchsiger Rassen wie die des American Bulldog sehr schädlich ist, andauernd die Treppe hinauf und herunter zu rasen.

Ein ganzer Kerl dank ... guter Pflege

Sämtliche Treppen sind das erste Lebensjahr lang sogar grundsätzlich tabu. Darf unser Hund glücklicherweise alle Räume, also auch die oberen, nutzen, dann muss er die Treppe eben so lange immer auf Herrchens Arm überwinden.

In der ersten Zeit gilt für Alles und Jeden: Lieber alle gefährdeten Gegenstände wegräumen als ständig etwas zu verbieten! Nur ein oder zwei mäßig wertvolle, aber für den Hund interessante Dinge sollten unter Aufsicht dazu dienen, ihm das Wörtchen „Nein" näher zu bringen.

Ein sensibler Hund würde durch ständige Verbote nur frustriert, wogegen ein dickfelliger abstumpft und sein Herrchen nach einiger Zeit möglicherweise nicht mehr ernst nimmt. Erst wenn unser Welpe die Bedeutung des Wortes „Nein" richtig erlernt hat, können auch die anderen bislang verbotenen Gegenstände nach und nach wieder „einziehen".

Auch muss darüber nachgedacht werden, inwiefern das neue Familienmitglied den Garten nutzen darf. Wird ein kleiner Hund im sicher eingezäunten Garten sich selbst überlassen, so wird dieser nach nicht allzu langer Zeit vermutlich einige Ähnlichkeit mit einer Kraterlandschaft haben. Damit der Welpe lernt, mit dem Rasen und den Gartenpflanzen rücksichtsvoll umzugehen, sollte er den Garten nur unter Aufsicht erkunden dürfen. So kann er bei Fehltritten schnell korrigiert werden. Außerdem ersetzt Freilauf, selbst im noch so grossen Garten, grundsätzlich nicht die für den Hund so wichtigen Spaziergänge.

Sind Haus und Garten nun eingehend auf Welpensicherheit untersucht worden, kann begonnen werden, die Grundausstattung für den kleinen Bulldog zu besorgen.

Gebraucht wird für den Anfang eine stabile, nicht allzu dicke Leine. Sie sollte eineinhalb bis zwei Meter lang sein. Des weiteren ein einfaches Halsband, am besten aus Nylon und stufenlos verstellbar, so dass es möglichst lange „mitwachsen" kann. Nylon hat den Vorteil, dass es von Anfang an weich ist und auch gewaschen werden kann. Zu Beginn sollte das Halsband so groß sein, dass es von 28 bis 40 Zentimeter Weite verstellt werden kann. Diese Größe passt beim American Bulldog ungefähr bis zu einem Alter von vier Monaten.

Als Futterschüsseln dienen am besten jene aus Edelstahl. Sie sind gut zu reinigen und halten sehr lange, ohne in irgend einer Weise unansehnlich zu werden. Hunde großer Rassen sollten allgemein erhöht gefüttert werden, um die Ent-

Die Auswahl an möglichen Schlafplätzen ist anscheinend unendlich ...

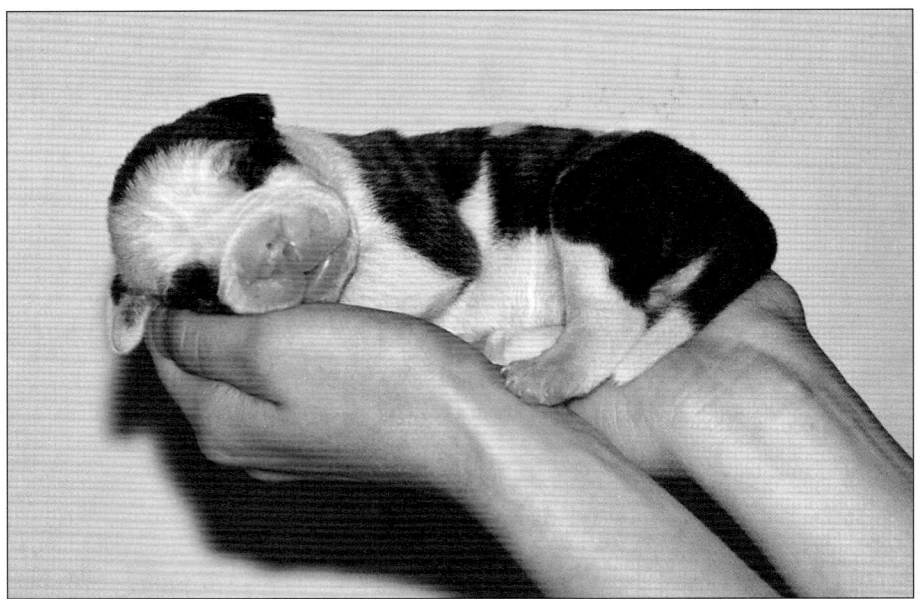

wicklung einer gesunden Front und einer schönen Halslinie zu fördern. Werden Bulldogs, gerade im Wachstum, am Boden gefüttert, so können eventuell Stellungsfehler der Vordergliedmaße provoziert werden. Zum erhöhten Füttern können einstweilen – bis der Hund ausgewachsen ist – ineinander gesteckte Eimer oder ein passendes Podest dienen.

Die Auswahl an möglichen Schlafplätzen ist scheinbar unendlich. Für einen Welpen ist jedoch eine simple, nicht zu teure aber möglichst heiss waschbare Decke am zweckmäßigsten. Hier ist es einfach nicht so ärgerlich, falls der kleine Hund schon einmal seine Zähne an ihr erproben sollte.

Wichtig ist auch eine kleine Auswahl an welpentauglichem Spielzeug. Zweckmäßig sind hier ein tennisballgroßer Gummiball mit daran befestigter Schnur, eine alte Socke mit Knoten zum Zergeln und ein dickes Baumwolltau. Bis auf das Tau werden die Spielzeuge nur dann hervorgeholt, wenn Zeit ist, zusammen mit dem Hund damit zu spielen. Sonst werden sie ihm zu schnell langweilig.

Das Tau dient dazu, dem Hund etwas zu geben, woran er seine Zähne erproben kann, ohne das Mobiliar in Mitleidenschaft zu ziehen. Außerdem kann er sich herrlich allein mit ihm beschäftigen.

Plüschtiere, die nicht speziell für Hunde hergestellt und bestimmt sind, sollten einem Bulldog niemals überlassen werden. Dem praktischen Anatomie-Unterricht unseres jungen Amerikaners würden sie ohnehin nicht lange standhalten. Insbesondere und viel schlimmer aber können in Magen und Darm des Operateurs gelangte Plastikaugen oder -nasen erhebliche Komplikationen hervorrufen, die von geringfügigen Verdauungsschwierigkeiten bis hin zu einer Notoperation mit unsicherem Ausgang führen könnten.

Eine dagegen sehr empfehlenswerte Anschaffung für den einziehenden Welpen ist eine Kennel-Box, eine rundherum geschlossene Flugbox für Hunde. Damit der Bulldog auch später, wenn ausgewachsen ist, entspannt darin liegen kann, sollte eine Box in Größe fünf – bei Hunden aus besonders großen Linien sogar in Größe sechs – ausgewählt werden.

Auch wenn es zunächst etwas befremdlich klingen mag: Eine solche Box, richtig eingesetzt, ist hilfreich und sinnvoll. Warum, das wird im Kapitel *Erste Schritte zum Miteinander* erklärt.

Auf keinen Fall darf vergessen werden, die richtige Nahrung für den Welpen zu besorgen. In der ersten Zeit ist genau jenes das Richtige, das der Kleine schon zuvor beim Züchter erhalten hat. Aus diesem Grunde sollte möglichst schon nach dem ersten Besuch beim Züchter ein Futterplan mitgenommen werden.

Entspricht das dort empfohlene Futter nicht den eigenen Vorstellungen von richtiger Welpenernährung, so sollte mit der Umstellung auf das gewünschte Futter erst etwa zehn Tage nach dem Einzug des Welpen begonnen werden.

Ansonsten könnten durch den erhöhten Stress von Umzug und Futterwechsel vermehrt Probleme wie etwa Futterverweigerung oder Durchfall auftreten. Dies hätte für den kleinen Hund wie für seine neue Familie nur unangenehme Folgen und kann doch so einfach vermieden werden.

Zu guter Letzt sollte sich schon jetzt um die geeignete Haftpflichtversicherung für den kleinen Wirbelwind gekümmert werden. Eine solche Versicherung muss in jedem Fall abgeschlossen werden!

Nun ist also alles bedacht und besorgt. Dem Einzug des kleinen Bulldogs steht jetzt nichts mehr im Wege.

Es ist so weit!

Der große Tag ist da. Schon einige Zeit zuvor sollte mit dem Züchter der genaue Termin der Abholung vereinbart worden sein. So können sich alle Beteiligten gut darauf vorbereiten. Ein guter Züchter weiss, wann er dem Welpen das letzte Mal etwas zu fressen geben kann, damit diesem auch auf einer längeren Fahrt nicht übel wird.

Natürlich dürfen vom Käufer auch Halsband und Leine nicht vergessen werden. Zum Abholen idealerweise mindestens zu zweit fahren. Damit der Kleine über den Verlust der Mutter und der Geschwister hinweg getröstet wird, sollte er schon während der Fahrt auf dem Schoss der Person sitzen, die auch später seine Hauptbezugsperson sein wird. Steigt er dann nach längerer Fahrt am neuen Wohnort aus dem Wagen, wird er sich automatisch bevorzugt an diese Person halten und sich bei ihr sicher und geborgen fühlen. Das heißt natürlich nicht, dass er nach dieser im Verhältnis kurzen Zeit vollkommen auf die besagte Person „geprägt" ist; doch er hat so immerhin schon eine Person, die ihm an dem noch völlig fremden Ort wenigsten ein bisschen vertraut ist.

Ein sehr wichtiges Utensil für unterwegs ist ausreichend Haushaltspapier, falls dem Welpen doch übel werden sollte, obwohl der Züchter seine Pfleglinge idealerweise schon zuvor an Autofahrten gewöhnt haben sollte. In manchen Fällen fahren die Tiere auch zu Anfang ohne Probleme mit, was sich mit rund sechzehn Wochen abrupt ändert. Hier hilft nur konsequent weiter üben. Das Problem verschwindet mit zunehmendem Alter dann meist wieder von allein.

Aber zurück zum Ausgangspunkt der Reise: Beim Züchter wird dieser noch einmal alle Welpen ausgiebig draußen toben lassen, damit unser Kandidat sich direkt vor der Fahrt noch lösen kann und unterwegs auch ein wenig müde ist. Während die Kleinen ausgelassen spielen, wird ein guter Züchter noch eine Menge nützlicher Tips für die ersten Tage, aber auch für den späteren Umgang mit „seinem" Welpen geben und nochmals auf die noch notwendigen Impfungen und Entwurmungen hinweisen. Nicht zuletzt wird er darum bitten, spätestens am nächsten Tag zu berichten, wie der kleine Bulldog sich macht.

Welpen, Welpen, Welpen

Stürmische Begrüßung

Werden die ersten Welpen müde, dann ist die Stunde des Abschieds gekommen und es geht zum Auto. Die Bezugsperson nimmt den Kleinen dann mit Leine und Halsband versehen auf den Schoss. Auf geht es in ein neues Leben.

Für eine längere Fahrt (ab zwei Stunden) sollten der Wassernapf und etwas Wasser in einer Flasche mitgenommen werden. Auf keinen Fall sollte der kleine, empfindliche und anfällige Hund aus jenen Näpfen trinken, die freundlicherweise an Tankstellen und Autobahnraststätten aufgestellt wurden. Wer weiss, welcher Hund mit welcher Krankheit zuvor daraus trank! Hat der Welpe unterwegs geschlafen und wacht wieder auf, muss er auf jeden Fall ziemlich umgehend sein Geschäft verrichten. Doch auch sonst sollte etwa alle 90 Minuten eine Pause eingeplant werden.

Zu Hause angekommen, muss das neue Familienmitglied zuerst einmal die nächste Möglichkeit bekommen, sich zu lösen. Dann erst geht es in sein zukünftiges Zuhause. Der Zeitpunkt des Ankommens sollte dabei so gewählt worden sein, dass der Welpe Haus und Garten noch bei Tageslicht untersuchen kann.

Nach der ersten Erkundung seines Umfeldes ist es Zeit für die erste Mahlzeit. Sollte der Kleine sie verweigern, so ist dies kein Grund zur Aufregung. Solange er am nächsten Tag das Fressen wieder aufnimmt, ist alles in Ordnung. Normalerweise haben kleine Bulldogs jedoch einen gesunden Appetit und fressen von Anfang an ohne Probleme. Sofort danach muss er wie immer direkt nach dem Fressen nach draussen gebracht werden. Meist ist es nach all dieser Aufregung der Begrüssung des Neuankömmlings schon Abend geworden und es wird Zeit, sich über die erste Nacht Gedanken zu machen. Der Kleine sollte an diesem und dem nächsten Tag Zeit haben, sich in seinem neuen „Rudel" zurechtzufinden.

Danach ist übrigens gegen die Heerscharen der interessierten Freunde und Verwandten nichts einzuwenden, denn so kann der Welpe schon gleich lernen, wie schön und nett Besuch ist.

Die erste Nacht im neuen Heim

Am „stressfreiesten" lassen sich die Nächte der nächsten Monate gestalten, indem der kleine Kerl sein Nachtlager im menschlichen Schlafzimmer direkt neben dem Bett der Hauptbezugsperson aufschlagen darf, auch wenn geplant ist, ihn später im Flur schlafen zu lassen. Weil Hunde im Rudel niemals allein übernachten, wird er, allein untergebracht, grundsätzlich zuerst unzufrieden heulen und unruhig sein. Da der Kleine nachts aber auch oft zwischendurch mal zum „Pieseln" hinaus muss, ist es schwer zu erkennen, warum er eigentlich heult: Einfach nur aus Einsamkeit oder aus anderen Gründen? Heult er aus Einsamkeit, darf man seinem Radau auf keinen Fall nachgeben, weder um ihn zu trösten, noch um zu schimpfen. Sonst lernt er allzu schnell, dass Heulen ihm Gesellschaft bringt, auch wenn es schimpfende ist.

Um den kleinen Bulldog jedoch möglichst schnell stubenrein zu bekommen, ist es unumgänglich, ihn hinaus zu bringen, sobald er aufgrund eines kleinen Bedürfnisses jault. Da ist schon schwer abzuwägen, weswegen der Hund nun gerade heult. Schläft er zufrieden, vorzugsweise in einer Kennel-Box, neben Herrchens Bett und wird in der Nacht plötzlich unruhig, so ist sicher, dass er vor die Tür muss. In diesem Fall wird er ohne grossen Kommentar an der Leine nach draußen **getragen.** Hat er sein Geschäft erledigt, ist er kurz zu loben, wird dann aber ohne jegliches Spielen und Kuscheln schnell wieder an seinen Platz gebracht. Sonst nämlich könnte er an diesen kurzen Unterbrechungen der Nachtruhe Gefallen finden und auch, wenn er gar nicht muss, nach draußen wollen, allerdings nur, um ein kurzes Spielchen zu bekommen.

Je älter der Bulldog wird, desto ruhiger werden die Nächte wieder, und er schläft wenn alles gut geht spätestens im Alter von fünf Monaten nachts durch. Die meisten American Bulldogs sind übrigens ausgesprochene Langschläfer, was der eine oder andere Bulldog-Besitzer sicherlich alsbald feststellen wird.

Erste Schritte zum Miteinander

Die richtige Grundeinstellung

Schon vor der Anschaffung des Hundes hat jeder zukünftige Hundehalter eine Vorstellung davon, wie sein Hund später sein soll. Zumindest sollte dies der Fall sein. Einige dieser Ideen und Ziele sind sicherlich unmöglich zu erreichen, da beispielsweise kein Hund so selbstständig und verantwortungsbewusst handelt wie Lassie oder Boomer im Film. Manche anderen Vorstellungen sind in unserer Zeit dagegen schlicht und einfach unvertretbar. So ist es grundsätzlich unverantwortlich, sich einen scharfen, misstrauischen Hund heranziehen zu wollen – auch wenn das Ziel ist, dass er nur auf Kommando „losgeht". Irgendwann wird auch solch ein Tier einmal sich selbst überlassen sein und schnell eigene Entscheidungen treffen müssen. Die Konsequenzen dieser Entscheidungen müssen dann Herr und Hund tragen.

Es wäre wirklich unvertretbar, wenn ein Mensch zu Schaden käme, weil unser wachsam erzogener Hund, nachdem er abgehauen war, einen alten Herrn mit Krückstock leider mit einem Angreifer verwechselte! Die Konsequenz einer solchen Verwechslung kann und muss vor allem für den Hund sehr traurige Folgen haben.

Die richtige Vorstellung, das Idealbild von unserem American Bulldog sollte das eines vorbildlich erzogenen, grundsätzlich freundlichen und hervorragend sozialisierten Familienhundes sein. Nur ein solcher Hund wird auf Dauer ein harmonisches Zusammenleben ermöglichen und seinem Besitzer viel Freude bereiten.

Gerade unsere Rasse wird in der heutigen, durchaus sehr hundefeindlichen Gesellschaft nur überleben, wenn jeder Besitzer eines American Bulldog Tag für Tag aufs Neue die Freundlichkeit und Zuverlässigkeit seines Hundes, unserer Hunde und der ganzen Rasse unter Beweis stellt und seinerseits auch echtes Verständnis für Menschen mit Angst vor Hunden zeigt. Das muss sich keineswegs gegen den American Bulldog, gegen Bulldogs allgemein oder Hunde gleich welcher Größe und Rasse auch immer richten. Die Angst muss nicht einmal objektiv nachvollziehbar sein, sollte aber dennoch auf dieses Verständnis treffen.

Wer ist hier der Boss – und warum?

Als wichtigste Voraussetzung für eine harmonische Beziehung zu einem Hund gleich welcher Rasse muss dieser genau wissen, dass er in der Familienhierarchie den untersten Platz belegt.

Den Hund hingegen als gleichberechtigten Partner zu betrachten wird früher oder später zu Problemen führen. Hunde sind – genau wie ihre Vorfahren, die Wölfe – Rudeltiere, die nach einer strengen, hierarchischen Sozialstruktur verlangen. Auch Hunde in der Familie brauchen daher einen Rudelführer. Wenn aber niemand diesen Posten eindeutig für sich einfordert, wird der Hund daraus schliessen, dass er den „Job" übernehmen muss.

Schon bei Hunden kleiner Rassen kann diese Situation für alle Beteiligten sehr lästig werden. Ein ausgewachsener Bulldog-Rüde allerdings, der beschließt, dass ihm als Boss das Sofa zusteht oder Herrchen heute Abend das Schlafzimmer nicht betreten darf, der ist nicht nur lästig, sondern ein 50 Kilogramm schweres Problem. Ist es erst einmal so weit gekommen, dann wird es ausgesprochen anstrengend, den Hund nun plötzlich auf einen niedrigeren Rang zu verweisen, da er dies nunmehr mit aller Kraft zu verhindern trachten wird.

„Familienhierarchie" unter Bulldogs.

Wie viele bedauernswerte Hunde aller möglichen Rassen fristen ihr Dasein im Tierheim oder wurden sogar eingeschläfert, nur weil ihre Besitzer im entscheidenden Augenblick versagt haben!

Um den Hund von unserer Vormachtstellung zu überzeugen, ist es nicht hilfreich, sondern vielmehr sehr schädlich, ihn von Zeit zu Zeit einmal gründlich zu „verdreschen". Hierdurch wird er verstört, verängstigt und er verliert das Vertrauen in uns und unsere Fähigkeiten als Rudelführer. Denn von dem ist zwar Autorität, aber insbesondere auch Fairness gefragt. Es gibt unter Hunden und Wölfen Annehmlichkeiten, die nur den ranghohen Tieren. Dadurch, dass wir diese konsequent für uns fordern, leben wir unserem Hund deutlich vor, wer der Boss ist und wer nicht.

Wächst ein Welpe vom ersten Tag an in seine Rolle als unterstes Rudelmitglied hinein, so wird er auch später kaum Versuche starten, an dieser Rangfolge etwas zu ändern.

Hinweise auf mangelnde Dominanz des Besitzers geben Hunde, die sich beispielsweise nicht unter allen Umständen von ihrem Besitzer am ganzen Körper anfassen lassen. Das selbe gilt für Hunde, die sich etwa gegen Augensalbe und andere Unannehmlichkeiten heftig wehren, die Gegenstände gegen Besitzer verteidigen oder diese mit übertrieben heftigen Spielattacken traktieren, ohne davon abgehalten werden zu können.

Um diesen Problemen vorzubeugen, sollte schon der Welpe täglich mit einer weichen Hundebürste am ganzen Körper gebürstet werden. Wehrt er sich, so wird er mit einem nachdrücklichen „Nein" dazu aufgefordert, still zu halten. Klappt dies nicht, so wird er auf den Rücken gedreht und so lange festgehalten, bis er entspannt liegen bleibt. Nun darf er wieder aufstehen, und die Prozedur wird fortgesetzt, bis er sie ohne Gegenwehr über sich ergehen lässt. Kleiner weiterer Vorteil: In diesem Zusammenhang kann auch gleich die wöchentliche Zahn- und Ohrenkontrolle durchgeführt werden.

Die Beisshemmung ist das nächste, was unser Welpe unbedingt entwickeln muss. Sie ist nicht angeboren, wird unter Hunden aber im Laufe der ersten Wochen und Monate aufgebaut. Beisst der kleine Bulldog „herzhaft" in eines seiner Geschwister, so wird dieses sich prompt umdrehen und genauso kräftig zurückzwicken. Ein paar Mal, und schon merkt jeder Welpe: „Bin ich zu grob, tut mir das selbst weh". Es hilft daher wenig, dem fingerkauenden Welpen zu sagen: „Aua, das tut aber weh" – ihm nämlich noch lange nicht. Versucht man dann sogar noch zu flüchten, so wird das Spiel für den Kleinen erst richtig lustig.

Knuspert der Welpe nun kräftig an unseren Händen und Füßen, so muss einfach „zurückgezwickt" werden und gleichzeitig wird laut: „Aua" gerufen. Entweder wird der Welpe direkt und während er sich an Fingern, Händen oder Füssen zu schaffen macht, in die Seite gezwickt, oder er erhält einen leichten Klaps unter sein Kinn. In beiden Fällen muss diese Reaktion aber fast zeitgleich mit dem Fehltritt des Welpen erfolgen. Sonst kann er sie nicht mit seiner von uns unerwünschten Handlung in Verbindung bringen. Außerdem müsssen das Zwicken oder der kleine Klaps zwar so kräftig ausfallen, dass unser Hundetier sein Tun sofort unterbricht und ablässt, es darf aber daraufhin keineswegs verängstigt sein. Als Grundsatz gilt hier, dass bei jeder Strafe die Verhältnismässigkeit gewahrt werden. Schließlich will der kleine Hund ja nur mit uns spielen – auch wenn er in diesem Spiel lernen muss, dass er Menschen nicht als Beißring missbrauchen darf.

Weiterhin sollten alle Spielzeuge und Kauknochen ganz eindeutig dem Besitzer des Hundes gehören: Sie werden dem Bulldog höchstens ab und zu „geliehen". Um diesen Zustand zu unterstreichen, werden sie ihm willkürlich von Zeit zu Zeit weggenommen. Gerade dann, wenn der Hund am intensivsten damit beschäftigt ist. Sollte unser Emporkömmling uns dabei einmal anknurren, so ist dies eine der wenigen Situationen, in denen eine prompte, reflexartige Backpfeife mit einem lauten „Nein" erlaubt und sogar angezeigt ist. Hundemütter holen auch nicht erst eine Zeitung, um die lieben Kleinen zur Räson zu rufen. Es muss aber bei einer wirklich kurzen, eher erschreckenden, als schmerzhaften Backpfeife bleiben.

Auch er muss das Zusammenleben mit seinen Menschen erst lernen!

Auch bedeutet dies natürlich nicht, dass der Hund zur Strafe grundsätzlich für alles, was er tut, regelrecht „verprügelt" werden darf. Er soll vielmehr überhaupt nicht geschlagen werden. Nur für den Fall, dass er uns einmal so direkt herausfordern sollte, müssen wir eine sofortige Antwort parat haben, die jeden Widerspruch erstickt und dem Hund deutlich zeigt, dass er hier eine sehr wichtige Grenze überschritten hat.

Der Bulldog muss also einfach im täglichen Leben durch kleine Unterstreichungen der menschlichen Autorität erfahren, dass es von vornherein aussichtslos wäre, der Boss im neuen Rudel werden zu wollen.

Hat ein Hund in seiner Jugend erfahren, dass sein Mensch ein sehr autoritärer, immer fairer, vor allem aber auch ein sehr fähiger Leithund ist, so kann man sich als solcher durchaus gewisse Grosszügigkeiten erlauben. Beispielsweise ruft man den Hund zu sich aufs Sofa oder geht auch mal auf eine Spielaufforderung vom Hund ein. In solchen Fällen muss der Besitzer allerdings wieder derjenige sein, der bestimmt, wann die Kuschelstunde oder das Spiel vorüber ist. Nur so bleibt der Hund ein problemloser Freund auf Lebenszeit.

Stubenreinheit

Eine der grössten Ängste aller zukünftigen Hundebesitzer gilt der Sauberkeitserziehung ihres Welpen. Wird sie richtig angefangen, ist ein kleiner Hund meist jedoch recht schnell sauber.

Wichtig ist allerdings für den Menschen, zu realisieren, dass ein Welpe mit acht Wochen gerade zu unglaublich oft pieseln muss und dies auch ohne Vorankündigung zu jeder Zeit an jedem Ort tut. Die lieben Kleinen sind in dieser Zeit die reinsten Durchlauferhitzer.

Hier hilft nur, den Welpen zu jeder Zeit, zu der es auch nur ansatzweise so weit sein könnte, nach draußen zu tragen: Also grundsätzlich nach dem Fressen, nach dem Spielen, nach dem Schlafen, wenn er wach ist alle halbe Stunde oder auch immer dann, wenn man das Gefühl hat, er könnte „mal müssen". Soll es nicht doch noch schiefgehen, muss der kleine Bulldog dann nach draußen getragen werden. Andernfalls könnten sich die Schleusen schon auf dem Weg in die Freiheit öffnen und alle Umsicht war umsonst.

Kleine Hunde können ihre Blase erst im Alter von etwa vier Monaten voll kontrollieren. Daher ist vorher nicht damit zu rechnen, dass sie zum Beispiel das Toben unterbrechen und anzeigen, dass nunmehr ein kleines oder auch größeres Geschäft nötig wäre. Hier hilft nur, ein wenig schneller zu sein als der Welpe und Missgeschicken vorzubeugen. Und nie vergessen: Mit vier Monaten wird es langsam besser! Sobald der Welpe sein Geschäftchen draußen erledigt hat, ist er ebührend zu loben und zu bewundern.

Sollte doch einmal ein „Malheur" im Haus geschehen sein, so ist es einfach kommentarlos zu beseitigen. Auf keinen Fall darf der kleine Hund im Nachhinein dafür bestraft werden. Er würde die Strafe nicht auf seine Handlung beziehen, sondern nur lernen, dass Herrchen, sind Seen im Haus, sehr wütend wird und es daher ratsam wäre, sich in solchen Fällen schleunigst zu verstecken.

Auch darf nicht vergessen werden, dass Welpen – besonders die weiblichen – auch zum Zeigen großer Freude und Unterwürfigkeit unter sich lassen können. In diesem Fall darf natürlich unter keinen Umständen geschimpft werden, da der Kleine durch dieses Verhalten doch nur das ranghöhere Wesen beschwichtigen und erfreuen möchte. Reagiert dieses aggressiv, so wird er versuchen, es durch noch mehr Unterwürfigkeit – also mit noch größeren Seen – zu beruhigen. Sollte es daraufhin noch wütender werden, wird der kleine Hund beginnen, sein Vertrauen in diese „seltsamen Wesen" zu verlieren, er wird immer unsicherer ihnen gegenüber und sein Pieseln bei Kontakt zu ihnen wird immer heftiger.

Bei solchen Welpen sollten die Begrüßungen einfach an Orten stattfinden, an denen die Beseitigung von Pfützen kein Problem ist. Mit zunehmendem Alter und wachsendem Selbstbewusstsein wird dieses Verhalten von selbst verschwinden.

Die Kennel-Box

Viele Hundebesitzer sind von der Vorstellung, ihren Hund in solch eine Flugbox zu sperren, zunächst entsetzt. Das muss aber gar nicht sein. Richtig an sie gewöhnt, lieben nämlich die meisten Hunde ihre Box sehr. Sie hat zunächst den Vorteil, dass unser Welpe einen Schlafplatz erhält, der zugfrei ist und ihm eine Höhle bietet, in die er sich zurückziehen kann. Auch ist sie eine grosse Hilfe bei der Erziehung zur Sauberkeit, weil der Welpe sein Lager zumindest zeitweise nicht verlassen kann. Da aber Hunde sehr ungern ihren Schlafplatz unter Wasser setzen, wird er sich bei Bedarf melden. So wird unser kleiner Bulldog zumindest nachts sehr schnell sauber. Auch tagsüber ist der Kleine sicher untergebracht, falls er einmal kurz allein gelassen werden muss oder uns etwa beim Staubsaugen „helfen" will. In der Box kann der Welpe ungestört den vielen Schlaf bekommen, den er in diesem Alter noch braucht, auch wenn er diese Notwendigkeit vielleicht nicht unbedingt sofort einsieht.

Auch kann es sehr hilfreich sein, unseren Junghund, wenn er langsam lernt allein zu bleiben, in seine Box zu setzen. Dort ist er sicher vor Elektrokabeln und sie sind es vor ihm. Überhaupt wird ihn eine Box sicher davon abhalten, unsere Wohnung während unserer Abwesenheit in ein Trümmerfeld zu verwandeln.

Hat er in den ersten Monaten gelernt, in der Box – wo er nichts zerstören kann – allein zu bleiben, so wird er mit einiger Sicherheit auch später meist nichts zernagen, wenn er frei im Hause bleibt. Ein junger, gut ausgelasteter Bulldog hat die Zerstörungsphase im Alter von ungefähr einem Jahr hinter sich. Vorausgesetzt, er hat bis zu diesem Zeitpunkt nicht schon gelernt, wie lustig es ist, die Tapete von der Wand oder die Blumen von der Fensterbank zu reißen. Natürlich muss zuvor auch das Alleinbleiben in der Kennel-Box problemlos funktionieren.

In keinem Fall darf eine solche Box aber dazu dienen, den Hund immer dann, wenn er stört, einfach nur wegzusperren. Die Box soll seine Höhle und sein Schlafplatz für die Nacht sein, der ihn davon abhält, sich selbst zu schaden. Besser, unser Hund ist zwei Stunden in der Box allein geblieben und nichts steht der großen Wiedersehensfreude entgegen, als dass er frei im Hause war und wir, kaum im Haus, angesichts seines Werkes der Zerstörung einer Ohnmacht nahe sind. Im ersten und viel besseren Fall können wir mit unserem artigen Hund einen schönen Spaziergang machen, im zweiten wird, vor Wut schäumend, der Rest des Tages zum Aufräumen genutzt. Beim Anblick des Hundes ist dann stets größte Beherrschung gefragt.

In der ersten Zeit sollte er tagsüber höchstens dreimal eine halbe bis eine Stunde in der Box verbringen. Außerdem sollte ihm der Aufenthalt dort selbstverständlich auch möglichst angenehm gestaltet werden.

So kann ein Zimmer nach fünf Minuten „Welpeneinsamkeit" aussehen ...

Zum Beispiel bekommt er immer nur in der Box seinen Lieblings-Kauknochen oder ein besonders schönes anderes Kauspielzeug. Ferner sollte er, bevor er in die Box gesetzt wird, noch einmal draußen gewesen sein. Damit ist sicher gestellt, dass er in der nächsten Zeit nicht jault, nur weil er muss. Nach Möglichkeit sollte er auch etwas ausgetobt und müde sein.

Ist der Hund dann erst einmal in der Box, so darf er unter keinen Umständen hinaus gelassen werden, sobald er jault oder randaliert. Er würde nur sofort lernen, dass er nur heftig genug protestieren muss, um heraus zu kommen.

Liegt er zumindest für drei Minute ruhig in der Box, so kann er gelobt und auch wieder hinaus gelassen werden. Hat er in der Box geschlafen und wacht auf, so muss er unverzüglich hinaus zum „Pieseln". Je kurzweiliger sein Aufenthalt in der Box durch besonders schöne Knochen oder Spielzeuge gestaltet wird, je konsequenter sein eventuelles Heulen zu nichts führt, desto schneller wird der Welpe seine Box schätzen lernen und die Zeit darin zur Ruhe und zur Beschäftigung mit sich selbst nutzen.

Ein kleiner Fratz entdeckt die Welt – Umwelttauglichkeit ist alles

Hat der Neuankömmling sein neues Heim in den ersten zwei Tagen ausgiebig kennen gelernt, so wird es auch schön höchste Zeit, ihn mit allen nur vorstellbaren Situationen vertraut zu machen. Nur ein Hund, der im Welpenalter gelernt hat, dass es selbstverständlich ist, in die Stadt zu gehen, Strassenbahn zu fahren, massenhaft Besuch zu bekommen und mit Unmengen fremder Hunde zu spielen, wird auch als erwachsener Hund in all diesen Situationen angemessen und ruhig reagieren.

Natürlich ist es nicht im geringsten sinnvoll, in der ersten Woche nach dem Einzug des Welpen das gesamte Programm zu absolvieren und dann zu denken, dass nun der Sozialisierung genug getan sei.

War nicht schon vor der Übernahme des Welpen eine geeignete Welpen-Gruppe gefunden worden, so wird es jetzt allerhöchste Zeit. Nur unter seinesgleichen kann ein Welpe lernen, im Umgang mit anderen Hunden richtig zu reagieren. Die meisten Verhaltensweisen in dieser Richtung sind zwar angeboren, werden sie aber bis zum ersten Lebensjahr nicht ständig wiederholt und geübt, so weiß der Hund trotzdem nicht, in welcher Situation er wie reagieren muss, um Aggressionen abzuwenden und Beißereien zu verhindern. Nur durch das ständige Spiel mit Hunden aller Art und jeden Alters erhält er ein gutes Sozialverhalten.

Bei der Auswahl der Welpenspielgruppe ist darauf zu achten, dass das gemeinsame Spiel der Welpen im Vordergrund steht. Die Welpen sollten zwischen zwei und vier Monaten alt sein und die Gruppe muss aus mindestens fünf Welpen bestehen. Die Tiere sollten idealerweise sich selbst überlassen spielen können. Werden aber zwei zu heftig, so sollte von der Gruppenleitung eingegriffen werden. Auch kleinen Rüden, die allzu nachdrücklich versuchen, auf den anderen Welpen aufzureiten, sollte dies durch ihre Besitzer verboten werden.

Zusätzlich zur Welpengruppe sollte der Kleine auch auf den täglichen Spaziergängen die Gelegenheit bekommen, mit anderen Hunden zu spielen. Bevor er jedoch wahllos zu *allen* Hunden gelassen wird, sollten die Besitzer der anderen Hunde nach deren Verträglichkeit mit Welpen gefragt werden. Dies erspart dem kleinen Bulldog ganz sicher die eine oder andere böse Überraschung.

Es schadet allerdings auch nicht, wenn der kleine Frechdachs von einem Althund einmal ordentlich auf den Rücken gedreht wird. Nur so kann er lernen, seine eigene Stärke richtig einzuschätzen.

Die Sozialisierung mit anderen Hunden ist zwar außerordentlich wichtig, doch auch der Umgang mit fremden Menschen will gelernt sein. Schließlich sollte unser ausgewachsener Bulldog nichts netter finden als Menschen – wo auch immer. Daher bietet es sich an, möglichst viele verschiedene Menschen zu sich

Verträgliche Althunde ersparen dem kleinen Bulldog so manche unangenehme Überraschung.

nach Hause einzuladen. Diese bekommen gleich an der Tür ein Leckerchen in die Hand, um es dem freudigen Welpen zur Begrüßung zu schenken. Schon bald wird der Bulldog wissen: Klingelt es an der Tür, so kommt jemand nettes, der mich füttern möchte – Besuch ist einfach prima!

Auch auf der Strasse darf jeder, der möchte, unseren Welpen streicheln und füttern. Nichts ist schlimmer und furchteinflössender, als ein misstrauischer, 50 Kilogramm schwerer Bulldog. Wie angenehm dagegen ist es, wenn unser Riese sich so freudig auf jeden zu bewegt, dass auch der skeptischte Mitbürger von seinen guten Absichten überzeugt werden kann.

Natürlich sollte ein Hund, kommen Menschen entgegen, erst einmal angeleint werden: Viele Menschen kennen den Unterschied zwischen einem freundlich anlaufendem und einem bösartigen Hund nicht. Oder, was natürlich auch toleriert werden muss, sie haben grundsätzlich Angst vor Hunden. Am besten lernt schon der kleine Bulldog, dass nicht er auf die Menschen zuläuft, sondern dass die Menschen zu ihm kommen, um ihn zu streicheln.

Begegnet einem unterwegs also jemand nettes, der den Kleinen unbedingt anfassen möchte, so bleiben wir mit dem angeleinten Hund stehen und der Entgegenkommende wird freundlich gebeten, sich zum Hund hin zu begeben. Dem Tier

Nicht jeden erfreut der Anblick eines so mächtigen Hundes!

prägt sich so ein, dass alle Menschen zu ihm kommen, wenn er sich artig neben Herrchen befindet, er jedoch nicht aktiv zu allen nur möglichen Menschen läuft und manchmal auch noch an ihnen hoch springt. Kommt also jemand auf einem Spaziergang entgegen, so wird der Hund zunächst einmal grundsätzlich herangerufen und angeleint – erst dann darf die Person begrüßt werden.

Als nächstes ist es sehr wichtig, den Welpen mit allen Situationen zu konfrontieren, die im Laufe seines Lebens auf ihn zu kommen könnten. Daher ist es unumgänglich, ihn möglichst überall mit hin zu nehmen. In die Stadt zum Winterschlussverkauf, zum Schützenfest, in den Zoo, in die Strassenbahn oder auf den Weihnachtsmarkt. Es reicht auch nicht, lediglich ein Mal in die Stadt zu gehen oder mit der Bahn zu fahren. Erst durch die ständige Wiederholung werden große Menschenansammlungen und die verschiedensten Geräusche für den Hund zur Selbstverständlichkeit. Zeigt der Welpe sich zu Beginn etwas unsicher oder ängstlich, so darf er auch hier in keinem Fall getröstet werden. Wichtig ist es, stets gelassen zu bleiben. Der Kleine muss das Gefühl erhalten, dass alles ganz normal ist.

Gerade mit Hunden, die auf dem Land fernab jeder Stadt wohnen, sollten gezielt derartige Ausflüge unternommen werden. Es kann ja nie kann ausgeschlossen werden, dass der Hund sich irgendwann einmal in seinem langen Leben mit solch einer Situation auseinandersetzen muss. Wie angenehm ist es dann, wenn er nicht panisch von einer Richtung in die andere rennt sondern entspannt, ruhig und gelassen bleibt.

Mit und ohne Leine

Der Welpe sollte möglichst schon beim Züchter an das Tragen eines kleinen Halsbandes gewöhnt worden sein. Ist dies nicht der Fall, so hilft nur „Augen zu und durch". Wie uns eine neue Brille oder ein neuer Ring beeinträchtigt, so stört den Welpen sein Halsband zu Beginn. Daher sollte er es immer dann umgelegt bekommen, wenn er ausreichend abgelenkt ist. Also zum Beispiel beim Toben, zu den Mahlzeiten, wenn er todmüde ist und schläft oder natürlich, wenn er ausgehen soll.

Das Halsband wird dem Hund immer nur dann wieder abgenommen, wenn er sich gerade nicht kratzt und sich mit ihm abgefunden zu haben scheint. Auch mit dem Training des „An-der-Leine-Gehens" muss schnellstens begonnen werden. Am besten eignet sich hierzu ein Ort mit wenig Ablenkung. Außerdem sollten wir uns nicht vornehmen, einen bestimmten Ort in einer bestimmten Zeit zu erreichen. Das Ziel aller Bemühungen ist vielmehr ein Hund, der an locker durchhängender Leine links neben seinem Herrchen läuft.

Der Welpe kommt an die Leine, und es wird schwungvoll los gegangen. Gleichzeitig wird versucht, den Welpen durch fröhliches Locken zum Folgen zu bewegen. Kommt er tatsächlich hinterher, so muss er überschwänglich aber kurz gelobt werden. Ist dies geschehen und der kleine Hund freut sich geht es schon wieder fröhlich weiter, um nach drei erfolgreichen Schritten wieder kräftig zu loben. Das Ganze wird dann mehrfach wiederholt und der Erfolg nicht ausbleiben.

Setzt der Kleine sich einfach auf seine vier Buchstaben oder reagiert ängstlich, so darf er wieder auf keinen Fall getröstet werden. Für Hunde klingt die lobende Stimme genauso wie die tröstende. Daher würde der Bulldog in dieser Situation folgern, dass sein Sträuben oder seine Angst genau das sind, was von ihm erwartet und verlangt wird. Zeigt der Kleine aber tatsächlich Angst, so sollte er sanft und doch mit Nachdruck weiter gezogen werden. Dabei wird ihm aufmunternd und betont fröhlich zugeredet. Sobald er seine Gegenwehr kurz einstellt und einen Schritt in die gewünschte Richtung tut, muss er unverzüglich und regelrecht ausgelassen gelobt werden. Daraufhin wird der nächste Versuch in gleicher Weise gestartet und schon bald sollte der Kleine verstanden haben, dass Angst und Sträuben nur unangenehm sind. Folgt man aber Herrchen brav, so macht das sogar richtig Spaß.

Dies ist allerdings oft der Punkt, an dem das gegenteilige Problem auftreten kann. Der junge Hund kann es möglicherweise schon bald gar nicht mehr abwarten, an die Leine und nach draußen zu kommen. Kaum ist er zur Türe hinaus, so eilt er hierhin und dorthin und zieht alles, was am anderen Ende der Leine hängt, hoffnungslos mit sich.

Auch dieses Verhalten muss gleich zu Beginn bekämpft werden, denn je älter der Hund ist, desto stärker wird er. Außerdem ziehen Bulldogs, haben sie erst Spaß daran gefunden, mit wahrer Leidenschaft an der Leine. Ist es erst so weit gekommen, so ist es nicht ganz einfach, dem Hund das geliebte Zerren wieder zu verleiden. Bei den meisten Welpen bis zu einem Alter von zwölf Wochen reicht es, stehen zu bleiben, sobald sich die Leine spannt. Dreht sich der Kleine dann aufmerksam um, so wird weiter gegangen, bis die Leine sich wieder spannt und so weiter. In der ersten Zeit muss dabei sicherlich nach fast jedem Schritt angehalten werden. Doch bald wird der Bulldog lernen, dass er nur an einer locker durchhängenden Leine dahin kommt, wohin er will. Auch mit dieser Übung sollte wieder an einem ruhigen Ort begonnen werden, um den Welpen nicht noch zusätzlich abzulenken.

Ist der Bulldog schon etwas älter oder besonders dickfellig, so wird er sich durch einfaches Stehenbleiben kaum beeindrucken lassen. In diesem Fall wird, sobald sich die Leine spannt, schwungvoll auf dem Absatz Kehrt gemacht und der Hund einfach nachgezogen. Erscheint er danach an der linken Seite, so wird er gelobt und erhält vielleicht auch eine kleine Belohnung, bevor es wieder in der ursprünglichen Richtung weiter geht. Auch hierbei führt nur Konsquenz zum Ziel, da der Hund sonst sein Zerren nicht mit dem unangenehmen Richtungswechsel verbinden kann. Er wird sonst nur lernen, damit zu leben, dass Herrchen eben ab und zu für ihn völlig unberechenbare Wendungen vollzieht. Dies wird ihn aber keineswegs davon abhalten, an seiner Leine zu ziehen.

Um so gehorsam an der Leine zu laufen, wie dieser Bulldog im Showring, sollte früh mit dem Üben begonnen werden.

Wenn der Hund erst verstanden hat, dass es, sobald er zieht, nicht mehr weitergeht, sollte ab und zu in einem Winkel nach links oder rechts gegangen werden. Auch hier wird der Hund einfach mitgezogen. Erscheint er wieder links neben Herrchen, wird er gelobt und belohnt. Dies soll ihm zeigen, dass er aufmerksam auf Herrchens Laufrichtung achten sollte, da er sonst einfach nur mitgezogen wird. Ist er aber aufmerksam und achtet auf Herrchens Bewegungen, so wird er belohnt.

Folgt der Hund in ruhiger Umgebung willig, sollte nach und nach in immer belebteren Gegenden geübt werden, bis er auch mitten in der Stadt oder auf dem nicht gar so vollen Weihnachtsmarkt an durchhängender Leine aufmerksam mitläuft.

Gleichzeitig mit dem Laufen an der Leine muss aber auch das Freilaufen ohne Leine von Anfang an geübt werden. Ist der Bulldog noch klein, werden hier kaum Probleme auftreten, da jeder Welpe mit einem instinktiven Folgetrieb ausgestattet ist. Er wird recht gut darauf achten, dass er Herrchen nicht aus den Augen verliert. Ab einem Alter von etwa vier Monaten aber wird der Junghund selbstbewusster und beginnt die Welt auf eigene Faust zu erkunden. Zu diesem Zeitpunkt muss er das Kommando „Komm" daher schon zuverlässig befolgen.

Der beste Ort für das anfängliche Training ist das eigene Wohnzimmer. Herrchen setzt sich etwas vom Welpen entfernt auf den Boden und versucht ihn durch Klatschen und Klopfen auf den Boden zu sich zu locken. Sobald der Kleine sich in Bewegung setzt um zu kommen, ruft Herrchen „Komm". Ist der Welpe dann am Ziel angekommen, wird sich überschwänglich gefreut und er erhält die obligatorische kleine Belohnung. Diese Übung kann immer zwischendurch, wenn es zeitlich gerade passt einmal durchgeführt werden; sie erfordert keie großen Vorbereitungen.

Ähnlich wird auch draußen verfahren. Allerdings sollte der Welpe immer nur gelockt werden, wenn er nicht gerade anderweitig stark abgelenkt ist. Hatte er ohnehin gerade vor, zu kommen, wird schnell das entsprechende Kommando gegeben – und schon ist wieder eine Belohnung fällig.

Ganz wichtig ist, den Welpen anfangs wirklich nur zu rufen, wenn sicher ist, dass er auch kommt. Sonst wird er schnell lernen, dass „Komm" sowohl befolgt als auch ignoriert werden kann. Entfernt sich der älter werdende Welpe einmal zu weit von uns, so verstecken wir uns schnell hinter einem Baum oder im

---

**Ein solcher Freilauf
kann nur dem gehorsamen Bulldog ermöglicht werden!**

Erste Schritte zum Miteinander

(trockenen) Graben. Sobald der Kleine merkt, dass er „allein" ist, wird er in Panik geraten und sofort beginnen, verzweifelt nach Herrchen zu suchen. Nach ein oder zwei Minuten taucht man nun plötzlich wieder auf. Sobald der Welpe sein Herrchen dann sieht und angerannt kommt, wird er mit „Komm" gerufen. Ist er angekommen, wird sich sofort über alle Maßen gefreut. Glücklich, sein Herrchen oder Frauchen wieder zu haben, wird der kleine Bulldog in Zukunft besser Acht geben, seinen Menschen nicht wieder aus den Augen zu verlieren.

Auch wenn der Hund schon zuverlässig auf Kommando herankommt, sollte er öfter eine Belohnung erhalten. So bleibt es für ihn immer interessant, zu Herrchen zu kommen.

Niemals darf vergessen werden, dass es einmal auch etwas geben kann, das für den Hund einfach interessanter ist als Herrchens Belohnung. Das zuverlässige Kommen ist für ihn aber unter Umständen überlebenswichtig! Zum Beispiel, wenn der Hund in der Nähe einer Schnellstrasse ein Kaninchen hetzt, das auch noch genau in Richtung dieser Strasse rennt.

Damit der Hund also lernt, dass es negative Folgen hat, nicht zu kommen, sollte immer eine kleine Kette oder etwas ähnliches Handliches bereit gehalten werden. Schnüffelt der Hund nun irgendwo interessiert und ist nicht allzu weit entfernt, so wird er gerufen. Kommt er jetzt nicht sofort, so landet die geworfene

Kette auf seinem Hinterteil. Kommt er nun schleunigst zu uns, muss er natürlich wieder wie gewohnt belohnt werden. Niemals aber darf er erfahren, dass sein Herrchen die Kette geworfen hat. Das würde sein Vertrauen zu ihm erschüttern oder möglicherweise sogar ganz zerstören. Bei Herrchen kann er sich doch schließlich immer vor solchen Scheußlichkeiten retten.

Hört der American Bulldog nun absolut zuverlässig wenn er gerufen wird, so ist eine wichtige Hürde zu einem glücklichen Hundeleben überwunden. Fast überall, wo dies erlaubt ist, kann er nun ohne Leine seine Freiheit genießen. Doch ein Hund ist ein Hund und bleibt daher immer in einem gewissen Maße unberechenbar. Aus diesem Grund gehört jeder Hund in der Stadt, in Wohngebieten sowie an Haupt- und Schnellstrassen an die Leine. Zu seiner eigenen Sicherheit, aber eben auch, um keine Menschen und anderen Tiere zu gefährden. Der Hund braucht sich nur vor etwas zu erschrecken, springt auf die Strasse, der nahende Autofahrer versucht auszuweichen, kommt in den Gegenverkehr ...

Es ist einfach verantwortungslos, den Hund in solchen Gebieten von der Leine zu lassen. Zusätzlich sollte wie schon beschrieben stets Rücksicht auf ängstliche Mitmenschen genommen werden, die sich von einem freilaufenden Hund einfach bedroht fühlen. Im Gelände oder im Park muss daher jeder Hund zurückgerufen werden, wenn Personen von vorn oder hinten an ihm vorbei möchten – auch wenn er noch so lieb ist. Die noch zusätzlich von den negativen Medienberichten beeinflussten Menschen können das schließlich nicht wissen.

Ruhe halten, „Sitz" und „Platz"

Auch wenn es zu Anfang unglaublich viel scheint, was der kleine Bulldog da in den ersten Wochen schon lernen soll, sollte dennoch schon gleich auch mit den Kommandos „Sitz" und „Platz" begonnen werden. Nie wieder wird der kleine Hund so schnell lernen wie in seinen ersten Lebenswochen und -monaten. Diese Zeit darf auf keinen Fall ungenutzt verstreichen.

Da jeder Hund von Natur aus sitzen und liegen kann, besteht die Schwierigkeit für uns Menschen lediglich darin, es ihn zu einem Zeitpunkt ausführen zu lassen, den nicht er sondern Herrchen gewählt hat. Anfangs sollte der Welpe daher denken, er hätte beschlossen, sich jetzt zu setzen oder zu legen.

Der Hund wird also heran gelockt. Steht er direkt vor einem, so wird ein Leckerchen über seine Nase nach hinten geführt. Sobald der Punkt erreicht ist, an dem der Kleine den Kopf im Stehen nicht weiter in den Nacken legen kann,

„Sitz und bleib"
kann auch mit einem ganzen Bulldog-Rudel funktionieren!

wird er sich setzen. In diesem Augenblick heißt es „Sitz", sofort darauf geradezu übertrieben freundlich „Feiiiin" und der Hund erhält das Leckerchen. Dann wird er mit „Lauf" oder „Geh" aufgefordert, wieder aufzustehen. Dies ist wichtig, damit sich dem Hund einprägt, dass er nicht aus eigenem Antrieb aufstehen darf. Immer bestimmt Herrchen, wann eine Übung zu Ende ist.

Es wird nicht lange dauern, bis der Hund sich allein auf das Kommando hin setzt. Nun wird der Hund, hat er sein erstes Leckerchen erhalten, nicht gleich aufgefordert, wieder aufzustehen. Direkt nach dem ersten erhält er stattdessen noch ein zweites Leckerchen. Hat der kleine Hund sich also gesetzt, erhält er seine erste Belohnung dafür, dass er sich so prompt gesetzt hat. Kurz darauf erhält er nun eine zweite Belohnung dafür, dass er sitzen geblieben ist. Klappt dies, so wird der Zwischenraum zwischen den beiden Leckerlis nach und nach verlängert. Erst wird nach dem ersten eine Sekunde gewartet, dann zwei und so weiter. Der Zeitraum zwischen den beiden Belohnungen sollte wirklich sehr behutsam ausgedehnt werden, um den jungen Bulldog nicht zu überfordern. Steht er dennoch einmal zu früh auf, so wird er wieder zum Sitzen gebracht ohne dafür sofort belohnt zu werden. Dann wird etwa halb so lange gewartet wie sonst und der Hund erhält das „Abschluss-Leckerchen".

Sobald das gut funktioniert, kann mit dem Üben von „Platz" begonnen werden. Der Hund wird hierbei wieder aufgefordert, sich zu setzen. Dafür bekommt er erneut ein erstes Leckerchen. Dann aber wird das nächste Leckerchen am Boden zwischen seinen Pfoten nach vorne gezogen. Um ihm zu folgen wird der Kleine sich geradezu automatisch hinlegen. Sobald er das tut, heisst es „Platz", dann wieder „Feiiin" und der Hund bekommt seine zweite Belohnung. Auch hier muss die Übung durch ein „Lauf" oder „Gut" beendet werden. Sollte er, statt sich zu legen um dem Futter zu folgen, aber aufstehen, so muss sein Hinterteil während der Übung mit leichtem Nachdruck am Boden gehalten werden. Sobald der Hund sich aus dem Sitzen auf Kommando „Platz" hinlegt, kann dies auch aus dem Stehen versucht werden. Um den Hund dazu zu bewegen, etwas länger liegen zu bleiben, wird genauso vorgegangen, wie beim „Sitz". Der Hund bekommt ein zweites Leckerchen, dessen Abstand zum ersten immer größer wird.

Der Hund lernt durch diese Übungen nicht nur, sich auf Kommando zu setzen oder zu legen. Er lernt insbesondere auch, auf Kommando ruhig zu sein. Wenn der Bulldog liegt oder sitzt, kann er schließlich nicht gleichzeitig am Besuch hochspringen oder etwa im Restaurant andere Gäste belästigen. Aus diesem Grund sollten die beiden Übungen auch mit besonderer Sorgfalt und Ausdauer geübt werden.

Als Belohnung ist das Zergelspiel eine gute Alternative zum Leckerli.

Leckerchen, Spiel und der richtige Zeitpunkt

Wann immer in diesem Buch von Leckerchen oder „Leckerli" die Rede ist, sind nicht etwa Drops, Schokolade oder Hundekekse gemeint. Die besten und gesündesten Leckerchen sind die kleinen Brocken aus dem normalen Trockenfutter. Ihre Summe kann daher auch bestens von der täglichen Futterration abgezogen werden. Bei der Menge an Belohnungen, die gebraucht werden, würde der Hund sonst unweigerlich krank und fett.

Eine weitere gute Alternative um den Hund zu belohnen ist die Bestätigung durch Spiel. Sinnvoll ist es allerdings, diese Methode erst anzuwenden, wenn der Hund die eigentliche Übung schon einigermaßen beherrscht. Ansonsten werden die meisten Hunde so aufgeregt, dass sie sich unter Umständen nicht mehr richtig konzentrieren können. Besonders zum Arbeiten auf dem Hundeplatz und beim Obedience ist Spiel zur Belohnung und für das Motivations-Training nahezu unverzichtbar. Erst durch ein gemeinsames „Zergelspiel" kommt der richtige Schwung in die gemeinsame Arbeit mit dem Hund.

Das Wohnzimmer ist wiederum genau der richtige Ort, um mit dem Training zu beginnen. Zu diesem Zweck bekommt der Hund ein Spielzeug. Gut geeignet sind ein altes Handtuch, ein Ball mit Schnur oder ein Spieltau aus Baumwolle. Der Hund wird heran gelockt und an die Leine genommen. Dann wird das Spielzeug schnell über den Boden gezogen.

Hat der Hund es erwischt und nimmt es ins Maul, so hat er gewonnen, wird wieder einmal überschwänglich mit „Feiiin" gelobt und Herrchen lässt das Spielzeug los. Damit der Welpe jetzt nicht mit seiner „Beute" verschwinden kann ist er zuvor ja angeleint worden. Nun wird er samt der Beute erneut heran gelockt. Kommt er nun nicht, so wird er an der Leine vorsichtig zu Herrchen herangezogen und erst dann gelobt. Nun wird er am Halsband festgehalten und die Beute nur leicht berührt. Auf keinen Fall darf jetzt an einem von beidem gezogen werden. Mit einem eher sanften „Aaaus" wird dem Welpen das Spielzeug abgenommen. Lässt er es nicht ohne weiteres los, so wird mit einer Hand über den Fang gefasst und die Lefzen werden erst sanft, dann kräftiger gegen die Zähne gedrückt, bis der Frechdachs das Spielzeug aus gibt.

Sobald er loslässt, heisst es „Feiiin", und das Spielzeug wird wieder schnell mit einigen verschiedenen „lustigen" Geräuschen über den Boden gezogen, bis der Hund es wieder festhält.

Nicht immer sollte er es allerdings sofort erhaschen können, denn auch das Hinterherjagen ist schon wieder ein lustiges Spiel für sich. Das Erwischen der „Beute" ist letztlich auch eine kleine Bestätigung. Hält der Hund sein Spielzeug nach einigen Versuchen gut fest, kann auch schon ein kurzes Tauziehen veranstaltet werden, aus dem auch mal der Hund als Sieger hervorgehen darf, damit ihm das Spiel nicht zu langweilig wird. Am Ende muss aber immer Herrchen gewinnen.

Wenn das Spiel also gerade am schönsten ist, heisst es „Tauschen" der Hund erhält ein Leckerli und das Spielzeug wird bis zum nächsten Mal für den Hund unsichtbar verstaut. Denn: Hat er es immer zur Verfügung, so wird es zu schnell langweilig.

Funktioniert das gemeinsame Spiel nun richtig gut, wird nach dem „Aus" nicht gleich weiter gespielt, sondern der Hund wird aufgefordert „Sitz" zu machen. Sobald er sitzt, heisst es wieder „Feiiin" und erst jetzt geht das Spiel flott und lustig weiter. Genauso kann der Hund auch zwischendrin „Platz" oder „Steh" oder jede andere Übung machen, die er zuvor gelernt hat. Zur Bestätigung wird dann selbstverständlich weiterhin jedes Mal gespielt.

Bei jeder Belohnung des Hundes ist auch die menschliche Stimme ein ganz wichtiger Faktor. Dabei ist es egal, ob der Hund diesmal mit Futter oder Beute beziehungsweise Spielzeug belohnt wird. Damit unser Hund verstehen kann, dass und wie Menschen sich freuen, müssen wir unsere Emotionen allerdings auch deutlich zeigen.

Während des Beutespielens kann schon mal ein „Sitz" verlangt werden.

In der heutigen Gesellschaft wird viel Wert auf das Unterdrücken der Emotionen gelegt. Hunde aber leben in einer Welt nahezu ungezügelter Emotionen. Ein Grossteil der Kommunikation im Rudel beruht bei ihnen auf zur Schau getragenen Emotionen.

Allein der Überschwang einer Hundebegrüssung zeigt, was in dieser Hinsicht gefragt ist. Wie soll ein Hund verstehen, dass sein Herrchen mit seinem Tun zufrieden ist, wenn dessen einzige Reaktion ein gemurmeltes „Brav" und ein leichtes Kopftätscheln sind. Kommt der Bulldog also auf Zuruf im Renngalopp auf sein Herrchen zu, so ist ein wahrer Freudenausbruch auf Herrchens Seite die einzig angemessene Reaktion. Spitze Begeisterungsschreie, Auf- und Abhüpfen und auf die Schenkel schlagen sind da fast noch das Mindeste.

Ohnehin sollte die Stimme beim Loben mit „Feiiin" sehr hoch und fröhlich klingen. Wenn vorbeikommende Passanten kopfschüttelnd vorbeigehen und kurz davor sind, den Arzt zu rufen, dann waren der Stimmfall genau richtig und die Luftsprünge hoch genug.

Um effektiv zu belohnen spielt weiterhin der genau richtige Zeitpunkt eine sehr wichtige Rolle. Durch eine Belohnung wird immer das Verhalten, welches der Hund exakt zum Zeitpunkt dieser Belohnung zeigt, bestätigt. Das heißt also, dass der Hund bei „Sitz" genau in dem Augenblick belohnt werden muss, in dem er sich setzt. Steht er schon wieder auf und erhält erst dann das Leckerchen, so wird er das Kommando „Sitz" mit Aufstehen gleichsetzen.

Genauso ist es bei allen anderen Übungen. Das „Feiiin" (wie gesagt: immer schön mit hoher und freudiger Stimme) und das Leckerchen oder das Spielzeug bekommt der Hund immer und grundsätzlich genau in dem Augenblick, in dem er das gewünschte Verhalten zeigt. Keine Sekunde eher und keine später. Nur so kann das Tier verstehen, was von ihm verlangt wird.

Allein bleiben – kein Problem

Die meisten Hunde müssen früher oder später auch mal für eine Weile allein bleiben. Da es für alle Nachbarn, den Hund selbst und seine Besitzer in endlosen, unerträglichen Stress ausartet, wenn der allein gelassene Hund seine Einsamkeit lauthals verkündet oder seinem Frust durch Zerstörung der Wohnung Luft macht, sollte er schon früh lernen, mit der Situation des Alleinseins zurecht zu kommen.

Gerade in diesem Zusammenhang ist eine Kennel-Box geradezu unverzichtbar. Sobald der Welpe sie in Herrchens Anwesenheit problemlos als Schlafplatz akzeptiert hat, kann mit dem Trainieren des Alleinbleibens begonnen werden. Wichtig ist wieder, dass der Welpe zuvor noch einmal ausgiebig draußen spielte, jetzt müde ist und auch noch einmal seine Geschäfte verrichten konnte. Dann wird er mit einem schönen Kauknochen oder Ochsenziemer ohne grosse Aufregung in die Box gesetzt und Herrchen entfernt sich.

Allein bleiben ist für den erwachsenen Bulldog kein Problem – wenn er es einmal richtig gelernt hat.

Ist der Hund nun mit seinem Knochen beschäftigt oder schläft, so kann man ganz normal der Raum verlassen. Auf keinen Fall sollte man dabei aber versuchen, sich leise wegzuschleichen. Dies weckt nur erst recht die Aufmerksamkeit des Tieres.

Nun kann der kleine Hund beruhigt und unbesorgt für ungefähr eine halbe Stunde sich selbst überlassen werden.

Wird er älter, so lässt sich diese Zeitspanne auch ausgedehnt, doch länger als drei Stunden sollte ein Hund nicht regelmässig am Stück in der Box verbringen. Sollte er dabei anfangen zu toben und zu heulen – obwohl er doch nachts problemlos in der Box schläft – so muss das einfach ignoriert werden.

Erst wenn der Hund mindestens eine Minute lang ruhig war, darf der Raum mit der Box wieder betreten und der Hund hinaus gelassen werden. Damit der Hund wirklich lernt, allein zu bleiben, ist dies geradezu unerlässlich!

Unabhängig davon, ob der Hund während unserer Abwesenheit geheult hat oder nicht: Beim Hinauslassen darf hinterher keine große Begrüßung veranstaltet werden, denn schließlich ist doch „gar nichts Besonderes" gewesen. Hat der Hund erst verstanden, dass Alleinsein nichts aufregendes und keineswegs irgend etwas Besonderes ist, so wird er es auch problemlos hinnehmen. Dies ist umso leichter, wenn er sich durch die Box, die ja auch seine Höhle ist, noch zusätzlich geschützt fühlt.

Auch wenn der Welpe problemlos über einige Zeit in der Kennel-Box bleibt, so sollte er vor einem Alter von zehn bis zwölf Monaten nicht außerhalb der Box alleine bleiben.

Hier ist ganz einfach die Gefahr noch viel zu groß, dass er Spaß daran entdeckt, das Haus auseinander zu nehmen. Erst wenn er einigermaßen erwachsen und „vernünftig" geworden ist, kann dies versucht werden. Allerdings gilt auch hier: Es sollte wieder mit einer halben Stunde des Alleinseins begonnen werden.

Frei im Haus und Garten kann ein ausgewachsener Hund auch durchaus einmal sechs bis acht Stunden alleine bleiben. Dass man sich in diesem Fall aber vorher und auch nachher ausgiebig mit dem Hund beschäftigen muss, sollte jetzt selbstverständlich sein.

**Muss der Hund länger allein bleiben,
ist die gemeinsam verbrachte Zeit umso wichtiger.**

Beschäftigung für den Bulldog

Im Hundesportverein

Vereine ermöglichen es uns, unseren American Bulldog in den verschiedensten Sparten des Hundesports körperlich und geistig zu fordern und auch zu fördern. Sie geben uns die Gelegenheit, die unterschiedlichsten Erfahrungen mit anderen, gleichgesinnten Hundehaltern auszutauschen. Der Spaß mit dem Hund und die Gemeinschaft stehen hier im Vordergrund.

Für jene Bulldogbesitzer, die schon im Rahmen der Welpengruppenbesuche den für sie idealen Verein gefunden haben, erübrigt sich freilich vielleicht schon das weitere Suchen.

Hat man aber mit seinem erwachsenen Hund bisher noch keinen Kontakt zu einem Hundesportverein gehabt, so ist auch hier bei der Auswahl in erster Linie auf eine fachgerechte Ausbildung, basierend auf positiver Verstärkung, einen freundlichen, ruhigen Umgangston und auf die Mitgliedschaft im Deutschen Verband der Gebrauchshundsportvereine (DVG) beziehungsweise im Verband für das Deutsche Hundewesen (VDH) zu achten.

Von Hundesportvereinen darf allerdings keine kompetente Verhaltensberatung bei schwerwiegenden Problemen erwartet werden. Hier sollte eher ein Spezialist aufgesucht und gefragt werden.

Auf den folgenden Seiten werden nun die gängigsten Hundesportvarianten kurz vorgestellt und in ihren Grundzügen erklärt. Für ausnahmlos jede dieser Spotrarten ist der American Bulldog geeignet.

Eigentlich aber sind der Ausbildung des vielseitigen „Amerikaners" ohnehin keinerlei Grenzen gesetzt ...

Begleithundprüfung und Team-Test

Unabhängig davon, ob ein Hund im Sport, auf Ausstellungen, in der Zucht oder nur als Familienhund eingesetzt wird: Über ein Mindestmaß an Gehorsam und Nervenstärke sollte er in jedem Fall verfügen.

Eine gute Möglichkeit, dieses gewissermaßen offiziell und anerkannt unter Beweis zu stellen, bietet das Ablegen einer Begleithundprüfung in einem Hundesportverein. Diese Prüfung setzt sich aus zwei Teilen zusammen:

- den Unterordnungsleistungen auf dem Platz und
- dem Verhalten im öffentlichen Verkehr.

Der erste Teil ähnelt dem „Gehorsam" im Turnierhundsport (siehe rechts). Hier muss der Hund mit und ohne Leine bei Fuß gehen, „Sitz", „Platz" und das Abrufen beherrschen. Hinzu kommt noch, dass er mit und ohne Leine durch eine Personengruppe gehen muss, und zwar ohne Interesse an ihr zu zeigen. Während der Bei-Fuß-Arbeit ohne Leine fallen zwei Pistolenschüsse, die den Hund nicht weiter beeindrucken dürfen.

Auch im ganz normalen Straßenverkehr müssen vom Hund Nerven bewiesen werden. Klingelnde Radfahrer, hupende Autos sowie andere Hunde und Jogger müssen den Hund „kalt" lassen. Er muss ruhig an Herrchens Seite bleiben. Doch auch, wenn dieser ihn außerhalb der Sichtweite anbindet, soll der Hund bei vorbeigehenden anderen Hunden und Menschen gleichgültig bleiben.

Eine solche Prüfung ist mit der Amerikanischen Bulldogge besonders zu empfehlen, da dies ein offiziell anerkannter Beleg für die Alltagstauglichkeit des jeweiligen Hundes ist. Um eine höhere Akzeptanz unserer Hunde in der Öffentlichkeit zu erreichen, sollte uns selbstverständlich ohnehin grundsätzlich daran gelegen sein, unsere Tiere unauffällig und wohlerzogen zu präsentieren.

Eine gute Alternative zur Begleithundeprüfung, bei der man zwangsläufig Mitglied in einem Verein sein muss, stellt der Team-Test dar. Er wird zwar auch in einem Hundesportverein abgelegt, eine Mitgliedschaft ist jedoch nicht erforderlich. Beim Team-Test wird der Verkehrsteil stärker gewichtet, eine Schussfestigkeit wie bei der Begleithundprüfung wird jedoch nicht verlangt.

Aber, egal ob Team-Test oder Begleithundprüfung: Keine der beiden Prüfungen sollte einem gut geprägten und erzogenen American Bulldog irgendwelche Probleme bereiten.

Hindernisse zu überwinden fällt dem Bulldog nicht schwer. Nur darf er mit dem Springen nicht zu früh beginnen!

Turnierhundsport

Nach dem Schutzdienst ist der Turnierhundsport (THS) eine der ältesten und bedeutendsten Sparten im deutschen Hundesport. Man unterscheidet hier vier von einander unabhängige Disziplinen:

- den Vierkampf (VK),
- den Geländelauf,
- das Hindernislauf-Turnier und
- den CSC.

Der Vierkampf (VK) setzt sich aus den namensgebenden vier Einzelprüfungen Gehorsam, Slalomlauf, Hürden- und Hindernislauf zusammen.

Der Gehorsamsteil verlangt vom Hund einiges an Konzentrationsleistung. Er muss mit und ohne Leine längere Strecken in unterschiedlicher Geschwindigkeit bei Fuß gehen, sich auf Hörzeichen aus dem Gehen zügig setzen und legen, liegen und sitzen bleiben, wenn sich der Hundeführer auf zwanzig Schritte entfernt und aus dem „Platz" auf Zuruf freudig zu diesem zurück kommen, sich dicht vor ihn setzen und sich erst auf Kommando „Fuß" wieder in die Grundstellung links neben dem Hundeführer begeben. All diese Übungen werden auf jeder VK-Prüfung in immer gleichbleibender Reihenfolge absolviert.

Beim Slalomlauf im Vierkampf kommt es auf Schnelligkeit von Hund und Hundeführer an. Beide müssen alle aufgestellten Slalomtore so schnell wie möglich passieren.

Das Gleiche gilt für den Hürdenlauf. Hier muss der Hund beim Überspringen der drei Hürden immer auf gleicher Höhe zum neben ihm laufenden Hundeführer bleiben.

Auf Schnelligkeit kommt es auch beim Hindernislauf an. Hier darf jedoch der Hund die zwei Hürden, die Sprungwand, den Tunnel, den Laufsteg, die Tonne und den Hoch-Weitsprung nahezu im Alleingang überwinden.

Beim **Geländelauf** unterscheidet man zwischen 2000 und 5000 Meter langen Strecken. Es zählt vor allem die Ausdauer des Hundeführers. Um die Strecke gut zu überwinden, sollte der Hund jedoch gesittet mit Herrchen Schritt halten.

Bild rechts: Die „Bei-Fuß-Arbeit", die hohe Schule des Gehorsams.
Bild unten: Auf die Geschwindigkeit kommt es nicht nur beim CSC an.

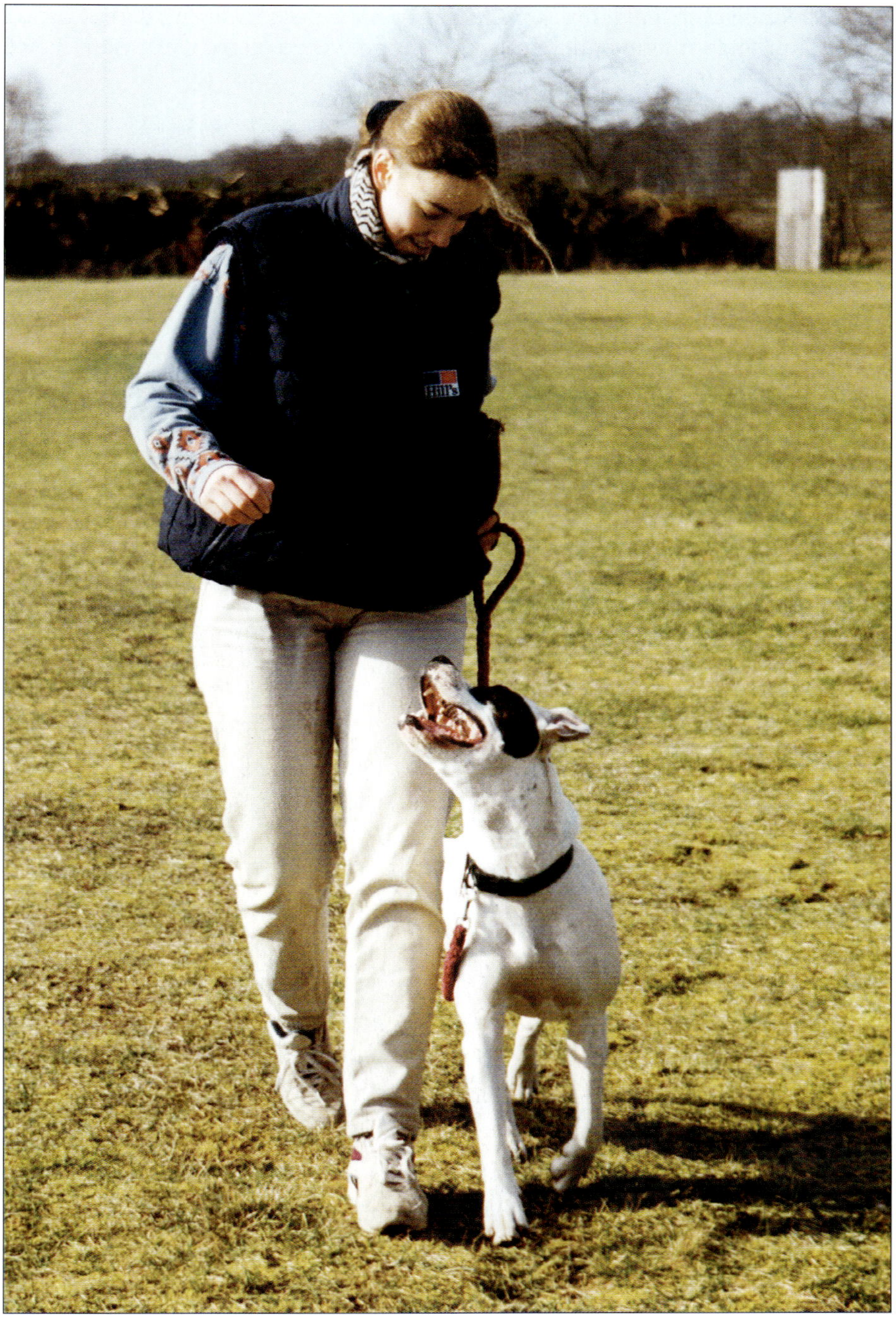

Das **Hindernislauf-Turnier** besteht nur aus der Hindernisbahn, welche schon beim Vierkampf erwähnt wurde, nur sind hier die Hürden für große Hunde wie den American Bulldog etwas höher.

Der **CSC** ist ein reiner Hindernisparcours mit sehr unterschiedlichen Hürden, ähnlich dem bekannteren Agility, bei der American Bulldog zur Zeit noch sehr selten gesehen ist. Auch hier kommt es hauptsächlich auf die Geschwindigkeit an.

Es ist leicht zu erkennen: der Turnierhundsport ist durchaus vielseitig. Er fordert nicht nur die geistige, sondern auch die körperliche Fitness von Hund und Hundeführer. Dieser Sport setzt, im Vergleich zu vielen anderen, verhältnismäßig wenig Trainingsaufwand voraus. Er ermöglicht zudem der gesamten Familie, im sportlichen Rahmen mit dem Hund Spaß zu haben. Der Turnierhundsport ist außerdem eine der wenigen Sportarten, die in nahezu allen Hundesportvereinen angeboten wird.

Beim Turnierhundsport mit dem American Bulldog sollte man jedoch sicherstellen, dass der Hund gesunde Ellenbogen- und Hüftgelenke hat. Mit dem Sprungtraining darf auf keinen Fall vor dem zwölften Lebensmonat begonnen werden; bei sehr schweren, massigen Tieren eher noch später, da sonst die gesunde Entwicklung der Knochen und Gelenke gefährdet wird. Bei Hunden, die im Sport eingesetzt werden, muss Übergewicht noch stärker als ohnehin schon vermieden werden.

Das Training mit dem Bulldog muss extrem abwechslungsreich und ansprechend gestaltet werden, denn die im Turnierhundsport fest vorgeschriebenen, gleichbleibenden Abläufe und Parcours werden ihm bei ständiger Wiederholung sehr schnell langweilig. Kein Hund kann sich langsamer bewegen, als ein gelangweilter American Bulldog. Hält man aber die Übungszeiten kurz, gestaltet das die Ausbildung interessant. Bringt man Beute und Futter ins Spiel und erfreut sich einfach an der Arbeit mit dem vierbeinigen Freund, so zeigt sich, wie arbeitswillig, aufmerksam und schnell der „Amerikaner" sein kann.

Obedience

Obedience („Gehorsam") ist ein in Deutschland noch vergleichsweise unbekannter Hundesport aus England. Bei uns wird er auch häufig als die hohe Schule des Gehorsams bezeichnet, was der Wahrheit sehr nahe kommt. Verlangt werden Übungen, wie „Sitz", „Platz", „Steh", „Bei Fuß" mit und ohne Leine, des Weiteren auch das Apportieren verschiedener Gegenstände, eine Geruchsunterscheidung, das Vorraussenden des Hundes und vieles mehr.

Der größte Unterschied zur üblichen Unterordnung auf den Gebrauchshundeplätzen liegt in der beim Obedience geforderten Präzision. Ununterbrochen müssen Hund und Hundeführer Blickkontakt halten, das Tier erweckt den Eindruck, geradezu an Herrchens linkem Bein zu kleben. Überhaupt sollen Mensch und Hund ein hervorragend eingespieltes, vor allem aber ein hoch motiviertes und konzentriertes Team darstellen.

Ein weiterer Unterschied zur bekannten Unterordnung besteht darin, dass es beim Obedience kein festgelegtes Schema gibt. Auf dem Turnier entscheidet der Richter, welche Übungen er in welcher Reihenfolge sehen möchte. Obedience ist ein Sport, der bei Hund und Mensch keinerlei körperliche Voraussetzungen fordert. Um wirklich Spaß daran und letztlich auch Erfolg zu haben, sollte man jedoch einen gewissen Hang zur Perfektion mitbringen.

Das, was diesen Sport für den American Bulldog so gut geeignet macht, ist die gebotene Abwechslung. Durch ein bisschen Kreativität des Hundeführers gleicht keine „Übungsstunde" der anderen, und die Arbeit mit dem Futter- und Beutetrieb spornt den Hund zu Höchstleistungen an. Viel mehr noch als bei jedem anderen Hundesport sollte beim Obedience der Spaß mit dem Hund im Vordergrund stehen. Nur ein hoch motivierter, auf den Hundeführer konzentrierter Hund ist in der Lage, die zuvor beschriebenen Übungen in der geforderten Perfektion auszuführen.

Leider ist diese Sportart bei uns noch so neu, dass sie nur auf sehr wenigen der bekannten Übungsplätze angeboten wird – und von diesen wenigen kann nur ein verschwindend kleiner Teil wirklich „richtige" Obedience vermitteln. Also ist Eigeninitiative gefragt!

Einen ersten Überblick, aber auch sachkundige Unterstützung, kann man sich bei inzwischen angebotenen Seminaren verschaffen. Termine sind beim Verband für das Deutsche Hundewesen (VDH) in Dortmund zu erfragen.

Schutzdienst und Fährtenarbeit

Grundsätzlich verfügt der Bulldog über einen angeborenen Schutztrieb und eine natürliche Zurückhaltung gegenüber Fremden, weshalb eine Ausbildung in dieser Richtung eigentlich kaum sinnvoll wäre.

Hat man sich dennoch für den Schutzdienst als Sport mit dem American Bulldog entschieden, so sollte man sich als erstes nach einem guten Schutzdiensthelfer umsehen. Wichtig ist vor allem, dass er in einem dem Deutschen Verband der Gebrauchshundsportvereine (DVG) angeschlossenem Verein arbeitet und dass er es versteht, auf Hunderassen verschiedenster Art einzugehen. Ein solcher Ausbilder wird ausschließlich über Beutetrieb und Spieltrieb den Hund auf den Hetzarm fixieren. Eine Ausbildung über den Wehrtrieb hingegen ist in jedem Fall zu vermeiden, da sie jeden Hund – unabhängig seiner Rasse – zu einer gefährlichen und unberechenbaren Waffe umfunktionieren kann.

Bevor man nun mit der Ausbildung beginnt, ist sicherzustellen, dass der Hund sich seinem Hundeführer bedingungslos unterordnet (hierzu gehört selbstverständlich auch das zuverlässige „Aus"-lassen) und dass er sorgfältig auf Menschen und die verschiedensten Situationen geprägt wurde und daher Menschen allgemein, besonders aber dem ausbildenden Schutzdiensthelfer starkes Vertrauen entgegenbringt. Es sollte aber niemals vergessen werden, dass auch der Schutzdienst ein reiner Sport ist. Nicht mehr und nicht weniger!

An erster Stelle im Schutzdienst steht die Unterordnung. Sie stellt ein Drittel der Schutzdienstarbeit dar. So muss jeder angehende Schutzhund (SchH) eine Begleithundprüfung erfolgreich abgelegt haben, bevor überhaupt mit dem Schutzdienst begonnen werden darf.

Im Rahmen jeder SchH-Prüfung muss der Hund seinen Gehorsam erneut unter Beweis stellen. Diese Prüfung ist ähnlich aufgebaut wie der Gehorsamsteil der Begleithundprüfung, hinzu kommen aber noch Apportieren und Voraussenden. Der Hund muss schon hier eine Mindestpunktzahl erreichen, um die Prüfung überhaupt bestehen zu können.

Das zweite Drittel der SchH-Prüfung bildet die Fährtenarbeit. Hier wird vom Hund das Absuchen einer mindestens 30 Minuten zuvor angelegten Fährte gefordert. Sie beinhaltet einige Richtungsänderungen und verschiedene Gegenstände, die vom Hund verwiesen (angezeigt) werden müssen.

Beschäftigung für den Bulldog

Oben und links: Schutzdienst mit dem Bulldog: Stellen und Verbellen des Scheintäters im Versteck. Dieser Sport ist nur etwas für erfahrene Hundeführer!

Die Aufgabe der Fährtenarbeit setzt ein äußerst exaktes, konzentriertes Arbeiten des Hundes voraus, und auch hier muss der Hund eine Mindestpunktzahl erreichen.

Unabhängig vom Schutzdienst stellt die Fährtenarbeit im Übrigen auch einen eigenen Bereich innerhalb des Hundesports dar. Für den Bulldog bietet sich damit eine attraktive Alternative zum Schutzdienst. Aufgrund seiner guten Nase ist der Bulldog hervorragend für diese Arbeit geeignet.

Doch zurück zur eigentlichen Schutzhundprüfung. Erst das letzte Drittel der Prüfung umfasst den eigentlichen Schutzdienst. Zu Beginn dieses Prüfungsteils geht der Hund beim Hundeführer (oft kurz als HF bezeichnet) frei bei Fuß, erst auf dessen Hörzeichen hin sucht der Hund nach dem hinter einem der Verstecke postierten Helfer, auch „Scheintäter" oder „Figurant" genannt. Hat der Hund ihn erreicht, muss er ihn sitzend, das heißt auch: ohne zuzufassen, verbellen. Nach anhaltendem Verbellen holt der Hundeführer auf Anweisung des Richters den Hund ab und beide verlassen den Platz.

Der Helfer geht als nächstes hinter einem anderen Versteck in Deckung. Auf Anweisung des Richters bewegt sich der HF mit dem angeleinten Hund in Richtung dieses Verstecks. 25 Meter vor diesem wird der Hund aus der Bewegung heraus abgeleint und folgt nun frei bei Fuß.

Plötzlich aber wird der HF vom Helfer frontal angegriffen. Daraufhin muss der Hund diesen seinerseits angreifen und fest am speziellen Schutzarm fassen. Auf Anweisung des Richters stellt der Figurant dann seinen Scheinangriff ein, und der Hund hat auf das folgende Kommando „Aus!" des HF sofort abzulassen.

Abschließend muss der Hund jetzt noch den flüchtenden Helfer stellen, aber auch hier wird verlangt, dass er auf Befehl des HF sofort und zuverlässig ablässt, auch wenn er in diesem Fall bis zu 30 Schritte weit vom Hundeführer entfernt ist.

Beschäftigung für den American Bulldog zu Hause

Man kann den American Bulldog auch als reinen Familienhund ohne Einsatz im Hundesport halten. Da er aber aufgrund der früheren Verwendung der Rasse als „Mädchen für alles" auf großen Farmen durchaus ein Arbeitshund ist, muss auch der nun möglicherweise „reine Familienhund" ausreichend geistig und körperlich beschäftigt werden.

Zudem wird durch gemeinsame Aktivitäten von Mensch und Hund das gegenseitige Verständnis ebenso wie das Zusammengehörigkeitsgefühl enorm gestärkt. Besonders wenn man mehrere Hunde hält ist die Beschäftigung mit jedem Einzelnen allein sehr wichtig, da die Tiere durch das gemeinsame Spielen zwar eventuell ausgelastet sind, jedoch alsbald weniger Wert auf die Gunst ihres

Herrchens legen werden. Dies könnte die weitere Erziehung erschweren oder gar unmöglich machen. Außerdem liegt der Sinn der Hundehaltung darin, einen oder mehrere Partner im täglichen Leben zu haben. Diese sollten natürlich auch Interesse an gemeinsamer Betätigung mit ihrem Menschen haben und diesen nicht nur als Störung ihrer Unternehmungen betrachten (was selbstverständlich umgekehrt mindestens ebenso gelten sollte!). Der Hund sollte einfach Freude daran spüren, seinen Besitzer überall hin zu begleiten zu dürfen.

Kann man sich nun nicht für Hundesport in einem Verein begeistern, dann gibt es auch unterschiedliche Möglichkeiten, sich allein mit dem Hund zu beschäftigen. Auch hier sollte natürlich der gemeinsame Spaß an erster Stelle stehen.

Fahrrad fahren

Für das Laufen neben dem Fahrrad sind American Bulldogs meist recht schnell zu begeistern. Mit unglaublichem Elan und großer Ausdauer halten sie mit Herrchen Schritt – und zusätzlich hält diese Freizeitbeschäftigung beide fit.

Besondere Freude bereitet dem Bulldog dabei vielleicht sehr bald das Ziehen des Fahrrades. Hierfür sollte er ein spezielles Geschirr tragen, damit er sich erstens nicht stranguliert und zweitens lernt, nur am Geschirr zu ziehen, nicht aber am Halsband – weder während der Fahrradtour noch bei normalen Spaziergängen. Um Unfälle zu vermeiden, ist es außerdem unerlässlich, immer eine Möglichkeit zu haben, den Hund im Notfall abrupt bremsen zu können. Daher sollte er auch beim Laufen am Fahrrad zusätzlich zum Geschirr noch mit dem normalen Halsband geführt werden.

Unabhängig davon ob der Bulldog sein Herrchen samt Fahrrad nun ziehen darf oder nicht, sollte das Grundtempo ein flotter Trab sein, einzelne Rennstrecken natürlich ausgenommen. Auch sollte das Tier nicht über die gesamte Strecke an der Leine laufen, damit es sein Tempo zeitweise selbst bestimmen und gelegentlich auch seinen „Geschäften" nachkommen kann. Der Hund wird grundsätzlich an der dem Verkehr abgewandten Seite, im Allgemeinen also rechts, geführt. Die Leine wird dabei selbstverständlich in der rechten Hand gehalten; niemals sollte der Fahrer sie sich um die Hand wickeln und ebenso wenig darf sie an Körper oder Fahrrad befestigt werden.

Erst wenn der Bulldog ein Alter von mindestens zwölf Monaten erreicht hat, darf auch hierbei mit dem Training begonnen werden. Bis zu diesem Alter ist das Wachstum noch nicht abgeschlossen und ernsthafte Gelenkschäden könnten die Folge sein.

Zu Beginn der Fahrradtouren mit Hund sollten die Strecken sehr kurz sein und nur nach und nach länger werden. Es ist immer darauf zu achten, dass das Tier mit Freude dabei ist und keinesfalls überbeansprucht wird. Das Auskundschaften neuer Strecken stellt noch eine zusätzliche Motivationsmöglichkeit für mensch und Hund dar, doch sollte dabei stets die mögliche Streckenlänge ebenso im Auge behalten werden wie Hindernisse (Autostraßen, Engstellen).

Auch wenn mit dem Hund bereits Sport in einem Verein betrieben wird, sollte man seine Ausdauer durch zusätzliches Rad fahren trainieren, zumal das Training im Verein auch nicht täglich stattfindet und auch nicht täglich stattfinden sollte. Ist der Hund nun gut im Training, so hat man über die Hundesportvereine sogar die Möglichkeit, die Fähigkeiten des Tieres in einer speziellen Ausdauerprüfung unter Beweis zu stellen. Der Hund muss hierbei rund 20 Kilometer am Rad laufen, was selbstverständlich erst nach gehörigem Training in Erwägung gezogen werden sollte. Während der Ausdauerprüfung gibt es zwischendurch eine Pause und Gesundheitskontrollen, was eine Überlastung schlecht trainierter Hunde ausschließt.

**Eine Erfrischung ist immer wilkommen!
Nicht nur nach dem Fahrrad fahren ...**

Zum Abschluss noch ein kleiner Tip: Manche Hunde, vor allem Hündinnen bleiben zum Verrichten ihrer Geschäfte abrupt stehen, was den Radfahrer durchaus ins Schleudern bringen kann. Daher immer schon vor dem Start einmal „Pfützchen" machen lassen!

Jump-and-run-Spiele mit dem Hund

Allgemein stärken, wie schon erwähnt, gemeinsame Aktionen die Bindung zwischen Hund und Mensch. Nichts trägt jedoch so sehr zum gegenseitigen Verständnis und Vertrauen bei, wie ausgelassene Spiele. Man erfreut sich am jeweils anderen, und ganz nebenbei kann man dem Hund verdeutlichen, dass man trotz aller „Alberei" der Überlegene ist.

Auf die Beutespiele soll an dieser Stelle nicht eingegangen werden, da sie eine der wichtigsten Grundlagen der Hundeausbildung darstellen (siehe „Erste Schritte zum problemlosen Miteinander"). Natürlich bringen auch gerade sie – richtig ausgeführt – Herr und Hund einander näher und sollten daher durchaus ihren festen Platz in jedem Hundealltag haben. Zusätzlich gibt es jedoch auch noch andere äußerst amüsante Ergänzungsmöglichkeiten. Zuvor aber nachfolgend einige „Spiel-Grundlagen".

Wie Hunde spielen

Bei Hunden unterscheidet man zwei Arten des Spielens: Jagdspiele und Kampfspiele. Ursprünglich dienten sie hauptsächlich der Vorbereitung der Welpen auf den Ernstfall und der Eingliederung der Jungtiere in die bestehende Rangordnung. Kämpfe mit Verletzungsabsicht innerhalb des Rudels wurden so weitgehend vermieden.

Bei unseren Haushunden ist dieser Instinkt erhalten geblieben. Damit eröffnet sich uns die Möglichkeit, mit unserem Hund auf seiner Ebene zu kommunizieren. Genaue Beobachtungen von Hunden oder auch Wölfen beim Spielen sind unerlässlich, um im Spiel mit dem eigenen Hund das Verhalten des ranghöheren Tieres imitieren zu können. Zwar mag es manchem Hundebesitzer etwas eigenartig anmuten, auf Händen und Füßen um seinen vierbeinigen Spielpartner herumzustaksen oder sich mit ihm unter lautem Geknurre auf dem Boden zu wälzen, doch sollten solche Spiele früh mit dem Welpen begonnen werden. Er wächst dann in die ihm zugedachte Rangposition hinein. Die erwachsene Bulldogge muss ihren Herrn später nämlich schon vor Spielbeginn grundsätzlich als „Chef" akzeptieren, damit das Spiel nicht zum Rangkampf wird. Beim erwachsenen Tier können diese Aktionen nur noch der Untermauerung der Rangordnung dienen.

Apportier-Spiele

Die meisten American Bulldogs zeigen viel Spaß und Ausdauer beim Apportieren geliebter Spielzeuge. Zusätzlich stellen Apportier-Spiele die Grundlage für jedes förmliche Apportieren im Hundesport dar.

Um ein freudiges Bringen zu erreichen, muss der Hund schon im frühen Welpenalter mit dieser Aufgabe vertraut gemacht werden. Ein neutraler, ruhiger Ort ist für erste Versuche wichtig. Der Hund kann so seine volle Aufmerksamkeit auf sein Spielzeug und zugleich auf seinen Menschen richten; er wird nicht anderweitig abgelenkt. Anfangs hockt sich das Herrchen auf den Boden und rollt das „Spieli" (Bällchen mit Schnur, Kongs oder ähnliches) vor sich herum, um erst einmal die Aufmerksamkeit des Hundes zu wecken. Kommt das Tier noch nicht zuverlässig auf Zuruf, so sollte es in dieser Phase an einer langen, leichten Leine sein. So wird verhindert, dass der Hund samt Beute einfach verschwindet und aus dem Bringspiel kurzerhand ein „Fang-mich-doch-Spiel" wird.

Apportierspiele stellen die Grundlage für jedes formelle Apportieren im Hundesport dar.

Zeigt der kleine Bulldog nun großes Interesse am Spielzeug und versucht, es ins Maul zu nehmen, so wird es etwas von seinem Körper weg gerollt. Durch Herrchen mit „Fein, hol's!" ermuntert, folgt der Kleine fasziniert der „Beute". Sobald er sie aufnimmt, folgt begeistertes Loben durch Herrchens Stimme. Danach wird der Hund freundlich und beständig durch die Stimme unterstützt und heran gelockt, wenn nötig auch durch leichte Leineneinwirkung.

Hierbei muss Ungeduld auf jeden Fall vermieden werden, weil der Hund sonst möglicherweise befürchten könnte, einen Fehler gemacht zu haben und dann das Bällchen schnell fallen läßt. Lässt er es aber trotzdem einmal fallen, wird er sofort ermutigt, es wieder „einzufangen".

Mit dem Spieli wieder bei Herrchen angekommen muss der Hund nun gleich merken, welch eine Heldentat er vollbracht hat. Hoch erfreutes „Das hast du aber fein gemacht!" oder Ähnliches, von gleichzeitigem Streicheln begleitet, sollten ihn davon überzeugen.

Erst danach darf ihm die Beute wieder abgenommen werden. Hierzu wird mit einer Hand über den Fang gefasst. Dann werden die Lefzen leicht zwischen Ball und Zähne gedrückt, zugleich erfolgt das eindeutige Kommando „Aus". Der Hund wird so schnell lernen, den Befehl „Aus" freiwillig zu befolgen. Sobald der Ball freigegeben wurde, wird er wieder weg gerollt und der ganze Ablauf wiederholt sich. Anfangs sollte dieser Vorgang nur dreimal wiederholt werden, damit der Welpe nicht die Lust verliert.

Um das Spiel zu beenden wird der Ball gegen ein Leckerli „getauscht". Damit ist der Spielabbruch besonders für weniger triebige (also weniger verspielte) Hunde nicht zu hart.

Apportiert die junge Bulldogge unter den genannten Anfangsbedingungen zuverlässig, so kann das Spiel auf eine ungestörte Wiese verlegt werden. Nun ist es auch möglich, den Ball nicht mehr nur zu rollen, sondern ihn auch weiter weg zu werfen. Nie sollten aber mehrere Schritte gleichzeitig getan werden, da der Hund dadurch verunsichert werden könnte. Besonders wichtig ist, dass er immer merkt, dass sein Herrchen sehr stolz auf ihn ist.

Suchspiele

Suchspiele fördern die Konzentrationsfähigkeit und die Ausdauer des American Bulldog. Besonders im Winter und bei schlechtem Wetter, wenn Spiele auf der Wiese nicht immer möglich sind, bieten sie eine Möglichkeit, sich mit dem Hund auch im Haus sinnvoll zu beschäftigen.

Begonnen wird wie beim Apportieren. In einem Raum ohne andere Ablenkung wird ein Spielzeug vor dem Hund hin und her gerollt. Durch das fragende Kommando „Wo ist das Spieli?" wird er ermuntert, es aufzunehmen. Tut er das, so folgt das obligatorische, euphorische „Fein". Danach wird dem Vierbeiner das Spielzeug mit Kommando „Aus" wieder abgenommen. Wurde dieser Vorgang ein paar Mal wiederholt, so weckt man erneut das Interesse des Hundes. Daraufhin wird das Spieli für den Hund deutlich sicht- und erkennbar hinter dem eigenen Rücken versteckt. Mit der neuerlichen Frage „Wo ist das Spieli?" wird er aufgefordert, es zu suchen und zu nehmen. Es sollte ihm leichtfallen, woraufhin natürlich überschwängliches Lob wiederum sehr wichtig ist.

Im nächsten Schritt wird der Hund abgelegt, darf aber beobachten, wo Herrchen sein Spieli an einer gut sichtbaren Stelle im Raum „versteckt". Es dauert gar nicht lange, und der Bulldog versteht, worum es geht. Er beginnt nun auch seine Nase einzusetzen, so dass die Verstecke immer etwas schwieriger werden können. Zum Schluss wird der Hund während des Versteckens in einen anderen Raum gebracht und das Spielzeug beispielsweise oberhalb der Kopfhöhe des Hundes platziert.

Beherrscht der Bulldog das Suchen von Gegenständen sicher, so kann mit der Suche nach Personen begonnen werden. Auch hier, beim Suchen nach dem Hund bekannten Personen, kann man sich das gute Beobachtungsvermögen des Hundes zu Nutze machen. Allein durch unseren Umgang mit den Familienmitgliedern und ihren Namen kann das Tier lernen, welche Person zu welchem Namen gehört. Die Namen sollten dabei natürlich akustisch unterscheidbar sein, mit „Heike" und „Maike" könnte der Hund anfangs Schwierigkeiten haben.

Um dem Tier zu zeigen, was von ihm verlangt wird, versteckt sich die Hauptbezugsperson des Hundes – für diesen aber noch deutlich sichtbar – und ruft seinen Hund einmal. Ein anderes Familienmitglied fordert nun durch „Wo ist (z.B.) Woody" den Hund auf , „Woody" zu suchen. Hat er sein Herrchen gefunden, muss er ausgiebig belohnt werden und die nächste Runde kann beginnen. Auch hier wird der Schwierigkeitsgrad nur langsam erhöht, bis zum Schluss das zuverlässige Suchen ohne Ruf- oder Sichthilfen selbst im freien Gelände klappt.

Dies sollen nur einige Möglichkeiten der Beschäftigung, sowohl mit dem reinen Familienhund als auch mit dem zusätzlich im Sport aktiven Bulldog sein. Mit ein bisschen Phantasie fallen dem engagierten Hundehalter sicher noch weitere interessante Alternativen ein, so dass dem Bulldog viel Abwechslung geboten werden kann. Ein ausgeglichener, zufriedener Hausgenosse wird der Lohn sein.

Auch eine Ausbildung zum Rettungshund ist mit dem vielseitigen Bulldog möglich.

Ausstellungen

Wächst der eigene Welpe nun langsam heran und entwickelt sich prächtig, so entsteht vielleicht der Wunsch, ihn einmal auf einer Hundeausstellung mit anderen Bulldogs zu vergleichen. Also meldet man den eigenen „Prachtkerl" zur nächsten Show, lädt ihn am frühen Morgen ins Auto, schleift ihn in den Ring und wundert sich, dass man nicht sofort den ersten Platz gewinnt. Um diese für den stolzen Hundebesitzer recht frustrierende Erfahrung zu verhindern, wird im Folgenden das Ausstellungsgeschehen erläutert und genannt, was für eine erfolgreiche Showteilnahme benötigt wird.

Worum geht es eigentlich?

Auf einer rassespezifischen Ausstellung treffen sich viele Hunde einer Rasse, um von einem kundigen Richter feststellen zu lassen, welches Tier dem festgeschriebenen und angestrebten Standard am nächsten kommt. Der Standard (vergl. Seiten 14–20) beschreibt ja schließlich den idealen Rassevertreter.

Hier treffen wir nun schon auf die erste Schwierigkeit. Viele Richter fällen ihr Urteil leider weniger danach, welcher Hund dem Standard am nächsten kommt, als vielmehr danach, welches Tier ihnen persönlich am besten gefällt. Und die Spannweite unterschiedlicher Geschmäcker ist ja bekanntlich unendlich, die Richterbeurteilung andererseits unangreifbar. Aus diesem Grund kann ein Hund bei einem Richter ganz vorn platziert sein und einem anderen überhaupt nicht, so dass das Ergebnis einer einzelnen Ausstellung sehr zu relativieren ist.

Um die vielen Hunde überhaupt vergleichen zu können, werden sie nach Alter, Geschlecht und Typ (beim American Bulldog also *Bully* oder *Standard*) in Klassen eingeteilt. Alle Hunde einer solchen Klasse werden gemeinsam im Ring dem Richter vorgestellt. Der Ring ist ein extra abgetrennter Bereich, in dem sich nur gleichzeitig zu richtenden Hunde einer Klasse mit ihren Besitzern, der Richter und einige wenige Ringhelfer aufhalten dürfen.

Vorgeführt wird jeder Hund zunächst einmal im Stand: Hierbei wird die Anatomie bewertet. Um das Gangwerk beurteilen zu können, wird das Tier in zügigem Trab gezeigt. Dieses erfolgt während der Einzelbeurteilungen und außerdem zu Beginn und/oder gegen Ende des Richtens in der Gruppe.

Letztendlich gehört auch noch eine Gebißkontrolle zur Beurteilung. Sie bringt Aufschluss über den Zahn- und Kieferstand sowie die Vollständigkeit der Zähne. Bei Rüden wird ergänzend kontrolliert, ob sich beide Hoden im Hodensack befinden.

Wichtig: Der Ablauf des Richtens, die Reihenfolge der einzelnen Punkte variiert von Richter zu Richter.

Die Bewertungsnoten sind „vorzüglich/excellent" (V), „sehr gut/very good" (SG), „gut/good" (G), „genügend" und „ungenügend", wobei die letzten beiden nahezu niemals vergeben werden. Nicht auf allen Bulldog-Shows wird allerdings nach den eben genannten „Formwertnoten" gerichtet, da die geladenen Richter häufig aus den USA stammen, wo wiederum ein solches System nicht überall angewandt wird. Hier hilft nur Information vor, während und nach der Show und natürlich das Gespräch mit anderen Ausstellern, die ja keine Konkurrenten wie bei einem Formel-1-Rennen, sondern eher Mitbewerber um die Gunst des Richters, um eine gute und möglichst objektive Bewertung sind.

**Die Gebisskontrolle auf einer Ausstellung
bringt Aufschluss über den Zahnstand des Hundes.**

Bild oben: Bestmögliche Präsentation erfordert manchmal das Ausrichten einzelner Hundebeine. Hier gezeigt von Lem Miller mit *Ruckus* auf einer ABA Show in den USA.

Bild rechts: Stellen der Hunde in einer Klasse der „Orange Blossom Classics" (USA).

Das Punkte-System der American Bulldog National Alliance (ABNA)

In den USA gibt es für jeden Show-Erfolg, also für jede Platzierung, Punkte. Die Anzahl der Punkte richtet sich dabei anders als in Deutschland jedoch nach der Gesamtmenge der in der entsprechenden Klasse ausgestellten Hunde und dem erreichten Platz.

Das ist nicht unbedingt sofort leicht nachvollziehbar. Die höchste, erreichbare Punktzahl in den Welpenklassen sind zehn Punkte für einen ersten Platz bei mehr als fünfzehn in der Klasse ausgestellten Hunden. Für den besten Rüden oder die beste Hündin gibt es dazu noch einmal fünf Extrapunkte. Der hieraus ermittelte schönste Welpe der gesamten Show erhält weitere fünf Punkte hinzu. Daher kann ein Welpe auf einer Show höchstens zwanzig Punkte erreichen. Um den begehrten Titel eines „Junior Champion" zu erhalten, müssen in der Summe mindestens 100 Punkte erreicht worden sein. Zusätzlich muss der Welpe mindestens einmal beste Hündin oder bester Rüde in einer Klasse mit mindestens fünfzehn Hunden geworden sein. Oder er muss bester Welpe der Show über insgesamt mindestens fünfzehn Welpen aus allen Klassen geworden sein.

Bei den ausgewachsenen Hunden der offenen Klassen sieht die Rechnung etwas anders aus. Hier gibt es für einen ersten Platz 18 Punkte bei über fünfzehn in der jeweiligen Klasse ausgestellten Hunden. Der beste Rüde und die beste Hündin erhalten zehn Extra-Punkte dazu. Der hieraus ermittelte schönste Hund der Show bekommt noch einmal zehn Punkte. Insgesamt kann ein erwachsener Hund auf einer Show also maximal 38 Punkte erhalten.

Um den Titel des „Champion" zu erhalten, müssen wiederum mindestens 100 Punkte erreicht worden sein. Zusätzlich muss der Hund mindestens einmal beste Hündin oder bester Rüde über mindestens zwanzig Hunde in seiner Klasse geworden sein. Oder er muss bester Hund einer Show mit mindestens zwanzig Hunden (Gesamtmeldezahl) geworden sein.

Punkteverteilung nach dem ABNA-System

Welpenklassen (Novice Puppy, Junior Puppy, Senior Puppy):

gemeldete Hunde / Platzierung	weniger als 5	6 bis 10	11 bis 14	mehr als 15
1. Platz	3 Pkt.	5 Pkt.	8 Pkt.	10 Pkt.
2. Platz	2 Pkt.	3 Pkt.	5 Pkt.	7 Pkt.
3. Platz	1 Pkt.	2 Pkt.	3 Pkt.	5 Pkt.

Offene Klassen (Junior Adult, Senior Adult, Veteran Adult):

gemeldete Hunde / Platzierung	weniger als 5	6 bis 10	11 bis 14	mehr als 15
1. Platz	5 Pkt.	10 Pkt.	15 Pkt.	18 Pkt.
2. Platz	3 Pkt.	5 Pkt.	10 Pkt.	13 Pkt.
3. Platz	2 Pkt.	3 Pkt.	8 Pkt.	10 Pkt.

Showtraining

Damit der Bulldog vom Richter ideal bewertet werden kann, ist ein gutes Showtraining unumgänglich. Nichts macht einen schlechteren Eindruck als ein gelangweilt im Ring hängender Hund, dessen Herrchen am Besten noch tief in wichtige Gespräche mit Zuschauern verwickelt ist und daher seinen „Einsatz" verpasst. Oder noch schlimmer: Ein geifernder, springender Hund, der auch nach langen „Diskussionen" mit Herrchen nicht zu beruhigen ist.

Schon wenn der Ausstellungsring betreten wird, sollte der Bulldog seine gesamte Aufmerksamkeit auf sein Herrchen richten und einen freudigen, aber ruhigen Eindruck erwecken.

Nimmt man seinen Platz neben den anderen Ausstellern ein, so sollte darauf geachtet werden, dass der Nebenmann nicht unnötig bedrängt oder eingeengt wird. Der eigene Hund wird sofort korrekt aufgestellt, damit der Richter ihn auch in allen Bereichen und aus kjeder Perspektive gut beurteilen kann. Auch wenn die anderen Hunde der eigenen Klasse bewertet werden, sollte der Hund in Aufstellung bleiben, damit er sich zu wirklich jedem Zeitpunkt von seiner besten Seite zeigt.

Um die Aufmerksamkeit und Freude des Hundes zu erhalten, ist an Futter oder ein Spieli zu denken; eine Ablenkung der anderen Tiere muss dabei aber vermieden werden.

Beim Vortraben ist es wichtig, zügig zu laufen, damit der Hund auch seinen ganzen, harmonischen Bewegungsablauf zeigen kann. Um aber dabei zugleich zu verhindern, dass er zu galoppieren beginnt, ist auch der Lauf vorher zu trainieren. Das Showtraining läßt sich gut in die ganz normale Gehorsamsarbeit einbauen.

Um das Gesamtbild des Hundes nicht zu stören, sollte auf der Ausstellung ein möglichst unauffälliges, schmales und weites Kettenhalsband mit einer ebenso schmalen Leine verwandt werden. Geeignete Leinen und Halsbänder sind auf Ausstellungen zu erwerben oder über den Fachhandel zu beziehen.

Diese Ausrüstung sollte der Hund fortan immer schon während des Showtrainings tragen. So lernt er, zwischen Show- und Unterordnungstraining zu unterscheiden.

Das „Steh"

Im Showring kommt es darauf an, dass der Hund sich von seiner besten Seite zeigt und seine Anatomie beurteilt werden kann. Um dies zu erreichen, sollten die Vorder- und Hinterläufe des Hundes jeweils parallel zueinander stehen. Die vier Pfoten sollten sich zu einem breiten Rechteck verbinden lassen, so dass weder Vorder- noch Hinterläufe zu weit nach vorn oder hinten gestellt sind. Alle

Das „Steh", perfekt ausgeführt von Jon Hopkins und *Tiamo´s Pal Matio*

Pfoten sollten gleichmäßig belastet sein, wobei das Gewicht leicht auf den Vorderläufen ruht.

Der Kopf sollte aufrecht getragen, der Blick nach vorne gerichtet sein. Insgesamt sollte der Hund aufmerksam sein und sichtbar unter Spannung stehen.

Das „Steh" wird ähnlich geübt, wie „Sitz" oder „Platz". Der Bulldog wird „hingestellt", das Kommando kommt, und er wird sofort durch Futter oder Spielen belohnt. Langsam wird der Zeitraum zwischen Kommando und Belohnung immer mehr ausgedehnt. Beherrscht der Hund das „Steh" sicher, kann man beginnen, langsam an den Läufen entlang zu streichen. Der Hund darf sich nicht bewegen, und wieder wird er sofort belohnt. Das Ziel hierbei ist, die Position des Hundes manuell verändern zu können, um ihn ideal zu präsentieren. Nun kann langsam begonnen werden, die Läufe auch zu versetzen. Hierbei ist eine häufige Belohnung besonders wichtig.

Zeigt das Tier sich hierbei unwillig oder knurrt sogar sein Herrchen an, muss es sofort untergeordnet werden.

Noch einmal das „Steh", hier *Harri´s Chewy of S.A.B.* mit Anthony Harris.

Das „Vortraben"

Das Vortraben im Showring soll möglichst natürlich und locker aussehen. Dafür sollte der Hund schon vor Beginn dieser Übung ohne zu ziehen neben Herrchen herlaufen können.

Die Leine in der linken Hand, Futter oder Bällchen in der rechten läuft man zunächst langsam los. Trabt der Hund fröhlich an lockerer Leine nebenher, gibt man ein spezielles Kommando für das Vortraben auf Ausstellungen, also beispielsweise „Traaaab" und belohnt das Tier zugleich.

Hat es die Übung verstanden, so wird das Tempo erhöht, weiterhin mit Kommando und folgender Belohnung. Einige Tiere zeigen nach längerem Üben ein so schwungvolles Gangwerk, dass ihre Halter richtig rennen müssen, um noch mithalten zu können. Dies sollte tatsächlich auch das Ziel sein.

Sobald der Hund aber anfängt, an der Leine zu ziehen oder zu galoppieren, heißt es deutlich „Nein", es wird gebremst und dann langsam wieder Tempo aufgenommen.

Die Zahnüberprüfung

Schon beim Welpen muss mit dieser Übung begonnen werden, da sie auch als Gesundheitskontrolle regelmäßig durchgeführt werden sollte. Hierbei werden beim geschlossenen Fang die Lefzen so angehoben, dass zuerst der Zahnstand und anschließend die Zahnreihen auf Vollständigkeit geprüft werden können. Am Besten setzt man den Hund, mit dem Rücken zu sich, direkt vor die Füße, damit er nicht rückwärts ausweichen kann. Dann fasse man mit der linken Hand unter und mit der rechten Hand über den Fang (oder umgekehrt) und ziehe die Lefzen behutsam auseinander. Läßt der Hund sich dies ohne Probleme gefallen, wird er kräftig gelobt. Sollte er sich jedoch wehren, so wird der Fang so lange festgehalten, bis das Tier sich ruhig verhält. Anschließend wird es überschwänglich gelobt. Danach wird die Übung so oft wiederholt, bis eine problemlose Zahnkontrolle möglich ist.

Vorbereitungen für den großen Tag

Erste Adresse für die Auskunft über Ausstellungstermine sind die verschiedenen Vereine, die meist jeweils mindestens eine Show im Jahr selbst organisieren. Auch im Internet sind die Termine zu finden. Hilfreich ist ferner das regelmäßige Studieren von Hundefachzeitschriften, da auch hier Termine dieser Art veröffentlicht werden. Ist erst einmal eine Show eines Vereins besucht worden, so kommt meist automatisch die Einladung zur nächsten.

Der nächste Schritt nach der Terminfindung ist die eigene Meldung, die möglichst bis zum ersten Meldeschluss erfolgen sollte. Zwar kann oft auch noch danach („zweiter Meldeschluss") und gelegentlich sogar noch am Tag der Show gemeldet werden, doch ist dann die Meldegebühr meist höher und – wichtiger noch – der Hund kann nicht mehr im Ausstellungskatalog aufgeführt werden.

Hat man nun für eine Show gemeldet, ist unbedingt zu kontrollieren, ob der Hund über einen gültigen Impfpass verfügt. Ansonsten ist die Impfung schnellstens nachzuholen, denn: Ohne Impfung kein Zutritt zum Ausstellungsgelände.

Der Tag vor der Ausstellung

Ab Abend vor dem großen Tag sollte der Hund nicht mehr gefüttert werden, damit man auf dem Ausstellungsgelände keine Probleme mit Hinterlassenschaften bekommt. Passiert es doch einmal, muss das Häufchen selbstverständlich weg geräumt werden. Ein vollgefressener Hund sieht, nebenbei bemerkt, auch nicht unbedingt sehr hübsch aus und wird sich anders bewegen.

**Auch, wenn es heute nicht
zu einer Platzierung gereicht hat: „Dabeisein ist alles!"**

Das „Gepäck"

Zur Show mitgenommen werden müssen auf jeden Fall der gültige Impfpass, die Ahnentafel und die Meldebestätigung. Weiterhin dürfen ein Wassernapf, etwas Futter für den Hund nach der Show sowie natürlich das Showhalsband und die -leine nicht vergessen werden. Auch an das eigene leibliche Wohl sollte man denken, obwohl dafür auch meist auf der Show gesorgt wird. Hilfreich kann ferner ein Klappstuhl sein, denn ein Show-Tag kann durchaus lang werden.

Dabeisein ist alles

Abschließend noch einige Worte zum Ende des Show-Kapitels. Die Ausstellung des eigenen Hundes sollte man, was leider nicht immer der Fall zu sein scheint, keineswegs als reines Vergnügen betrachten. Natürlich hätte jeder gern einen Champion, doch: Nur einer kann gewinnen. Warum also sollte man dem Besitzer eines schönen Hundes den Sieg nicht gönnen!? Vielleicht steht der eigene Hund ja dann das nächste Mal hinter der Tafel mit der großen Eins.

„Best Puppy in Show"

Auch wenn man die Bewertung des Richters für falsch und unangemessen hält, sollte man dieses für sich behalten und auf dem Ausstellungsgelände keine „Szene" machen. Ein lautes Beschimpfen des Richters oder des ausrichtenden Vereins ist überaus primitiv und wirft zudem ein schlechtes Bild auf Bulldoghalter und -züchter in Deutschland. Mit der Meldung des Hundes zu einer Show unterwirft man sich dem Urteil eines Richters, das man auch dann anerkennen muss, wenn es ungerechtfertigt zu sein scheint. Richtet dagegen ein Richter wirklich schlecht, so wird er wahrscheinlich nicht wieder eingeladen.

Aber auch wenn der eigene Hund auf seiner ersten Show tatsächlich nicht gut abschneidet, heißt das noch lange nicht, dass er nicht trotzdem dem Standard entspricht – und umgekehrt. Der nächste Richter kann dies ja schon ganz anders beurteilen. Außerdem hat jeder Hund auch mal einen schlechten Tag und zeigt sich einfach nicht gut.

Objektivität hin, Subjektivität her: Erst die Meinung vieler verschiedener Richter macht die Beurteilung eines Hundes nach Ausstellungserfolgen erst möglich. Und letztlich man will ja auch nicht nur eine einzige Show besuchen.

Joshua´s Ol´Southern White **nach einem „Best in Show"-Gewinn**

Bulldog on Tour

Wohin mit dem Hund im Auto?

Bei den Überlegungen zur Unterbringung des Hundes im Auto darf nicht übersehen werden, dass ein großer Hund wie der American Bulldog schon bei einer Aufprallgeschwindigkeit von nur 40 km/h mit mächtiger Wucht – als würde er mehrere Tonnen wiegen – durch den Wagen geschleudert werden kann. Befindet sich der Hund ungesichert im Wagen, dann hat er so gut wie keine Chance, einen solchen Aufprall zu überleben. Zusätzlich wird er auch noch zur Gefahr für vor ihm sitzende Mitfahrer.

Daher besagt die Tierschutztransportverordnung (in § 18), dass ein Hund beim Transport in einem Fahrzeug in einer Transportbox, einem Käfig oder einem gesonderten Abteil gesichert sein muss. Die sichersten Abtrennungen sind in diesem Fall solche, die vom Hersteller speziell für den jeweiligen Autotyp angeboten werden und fest mit der Decke verschraubt sind. Grundsätzlich halten Metallgitter mehr aus als Netze, wobei sie im Ernstfall leider auch die Verletzungsgefahr für den Hund erhöhen können. Dafür halten stabile Gitter aber auch allen Versuchen, nach vorne zu schlüpfen, deutlich besser stand. Die universellen Gitter und Netze aus der Zoohandlung hingegen, die nur an wenigen Punkten im Wagen befestigt werden, halten einen Bulldog beim Aufprall nicht zurück. Billige Kaufhausgitter, vielleicht noch mit Saugnäpfen befestigt, haben schlicht keinen Nutzen.

Spezielle Sicherheitsgurte für Hunde sind zwar zulässig, aber nicht unbedingt zu empfehlen. Entweder sie schränken vor allem auf längeren Touren die Bewegungsfreiheit des Tieres zu stark ein – oder sie lassen ihm mehr Bewegungsfreiheit und können somit im Ernstfall lebensgefährlich werden.

Die für alle Beteiligten sicherste und bequemste, wenn auch vielleicht teuerste Art und Weise, den Hund im Auto unterzubringen, sind fest eingebaute Transportboxen oder ein sicher abgetrennter Kombi-Kofferraum.

Bei längeren Wartezeiten im Auto muss immer darauf geachtet werden, dass sich das Fahrzeug im Schatten befindet. Im Wagen staut sich die Hitze und so können dort auch im Herbst bei kühlem Wind innerhalb von kürzester Zeit „Hitzschlag-

Temperaturen" entstehen. Auch muss bedacht werden, dass die Sonne recht schnell wandert! Grundsätzlich müssen die Scheiben leicht geöffnet werden, um einen leichten Luftzug zu ermöglichen. Alles in allem sollte ein Hund aber ohnehin immer nur so kurz wie möglich im Wagen warten müssen und im Hochsommer am Besten überhaupt nicht!

Urlaub mit American Bulldogs

Schon bei der Anschaffung eines Hundes sollte man sich darüber im Klaren sein, dass es sich bei Hunden um sehr soziale Lebewesen handelt. Sie fügen sich fest in den Familienverband ein und leiden daher unter jeder längeren Trennung um so mehr.

Ist es irgendwie zu ermöglichen, sollte deshalb der American Bulldog sein Falinien- „Rudel" auch während des Urlaubs begleiten dürfen. In erster Linie wird die freilich nur bei Reisen ohne Flug möglich sein. Anderseits wird der Hundebesitzer schnell erfahren, dass er auch bei der Urlaubsplanung viele Möglichkeiten für einen Erholungsaufenthalt „mit Hund" hat.

Die passenden Hotels und Pensionen empfehlen sich häufig über Anzeigen in Hundezeitschriften. Auch in vielen Ferienhäusern und -wohnungen stellen Hunde kein Problem dar. Der ADAC gibt jährlich einen Hotel- und einen Campingführer heraus, aus dem sich schon frühzeitig ersehen läßt, wo Hunde erlaubt sind und was ihr Aufenthalt kostet.

Rechtzeitige Planung ist also ein Muss! Insbesondere bei Reisen ins Ausland gilt es die Einreisebestimmungen des Zielortes genau zu beachten. Dabei dürfen aber auch die Durchreiseländer nicht vergessen werden. In den meisten Fallen reicht der internationale Impfpass mit gültiger Tollwutimpfung aus, doch einige Länder wie insbesondere Schweden und Großbritannien fordern eine Blutuntersuchung oder ein Gesundheitszeugnis vom Tierarzt oder sogar vom Amtstierarzt.

Gesonderte Haltungs- und Transportvorschriften müssen abgeklärt werden, um unangenehme Überraschungen zu vermeiden. Genaue Auskünfte erteilen die jeweiligen Konsulate, Botschaften oder Vertretungen, bei generellen Fragen kann aber auch der Tierarzt weiterhelfen. Nicht zuletzt kann bei der Vorab-Information auch Internet-Recherche zum Ziel führen.

Selbst eine Flugreise stellt für einen gesunden, nervenstarken undgut sozialisierten American Bulldog kein Problem dar. Da er hier in einer Flugbox reisen muss, sollte ein Hund – wenn solche Reisen geplant sind – möglichst schon im Welpenalter an sie gewöhnt werden. Dann wird er sich auf der Reise in seiner Box auch sicher fühlen. Da einige Fluglinien nur begrenzt über klimatisierten Stauraum für Tiere verfügen, muss der Hund früh angemeldet werden. In der

Regel wird für einen Hund sein Gewicht als so genanntes Übergepäck berechnet. Natürlich muss auch überlegt werden, wo der Hund am Urlaubsort bleiben kann, während sich die Familie am Strand sonnt oder einen Vergnügungspark besucht. Dazu gehören zwingend frühzeitige, verlässliche Antworten auf Fragen wie: Sind Hunde am Strand überhaupt erlaubt? Wenn ja, so ist noch nicht alles klar. Hunde müssen am Strand ständig die Möglichkeit haben, sich in den Schatten zurückzuziehen. Auch sollte immer frisches (Süß-)Wasser bereitstehen. War der Hund im Salzwasser, so muss er danach gründlich abgespült werden. Darf dafür die Dusche benutzt werden? Auch ist zu beachten, dass das Tier nicht zu viel Salzwasser trinkt, da dies zu starkem Durchfall führen kann.

Den direkten Kontakt zu den möglicherweise zahlreichen einheimischen Streunern am Urlaubsort sollte man vermeiden, da sie gefährliche Virus- und Bakterieninfektionen übertragen können. Sorge rundum und viel Vorab-Information sind also sehr wichtig. Ein gesunder American Bulldog verkraftet eine solcherart vorbereitete Reise dann aber im allgemeinen recht gut.

Bild rechts: **Auch in Venedig nicht ohne den „Amerikaner".**
Bild unten: **Spaß am Meer mit den Bulldogs!**

Bulldog on Tour

Zucht

Warum züchten?

Ist der eigene kleine Welpe nun zu einer gesunden, hübschen Hündin heran gewachsen, so kommt vielleicht die Idee auf, doch auch selber mal einen Wurf aufzuziehen.

Da Züchten nichts mit der bloßen Vermehrung von Hunden einer Rasse zu tun haben sollte, ist vorab eine gründliche Auseinandersetzung mit der Materie unerlässlich.

Hundezucht ist das Verpaaren zweier Hunde einer Rasse mit dem Ziel, möglichst gesunde und wesensfeste Hunde zu erhalten, die dem Rassestandard immer mehr entsprechen. Dieser Grundsatz darf niemals vergessen werden und sollte stets obenan stehen!

Um dies verwirklichen zu können, sind grundlegende Kenntnisse der Genetik, des Rassestandards und der Linien, aus der die eigenen Hunde sowie die in Frage kommende Deckrüden stammen, unumgänglich. Auch vom momentanen Zustand der Rasse sollte man sich durch den Besuch möglichst vieler Ausstellungen ein Bild machen. Selbstverständlich sollten für einen Züchter auch eine artgerechte Haltung der Zuchttiere, ausreichend Platz sowie eine liebevolle und sachgerechte Aufzucht der Welpen sein.

Hier aber auch ein paar Gründe, die einen Zuchtversuch auf keinen Fall rechtfertigen:

- ♦ Die Kinder sollen einfach 'mal eine Hundegeburt miterleben ...
- ♦ Nebenan wohnt ein Rüde der gleichen Rasse ...
- ♦ Zwei Freunde hätten gerne einen Welpen der eigenen Hündin ...
- ♦ Man hätte selbst gern einen Welpen der eigenen Hündin ...
- ♦ Die Hündin hat 'mal auf einer Ausstellung den ersten Platz erhalten ...
- ♦ Das eigene Gehalt soll oder muss ergänzt werden ...
- ♦ Wenn Andere das können ...

Zucht

**Niedlich sind sie alle … Aber was tun,
wenn einer „überbleibt"? Züchten will wohl durchdacht sein.**

Welpenkäufer beraten

Jeder Züchter trägt seiner Rasse gegenüber die Verantwortung, sie zu erhalten und sogar zu verbessern. Hierzu gehören unter anderem eine sehr sorgfältige Auswahl der Zuchttiere, eine sinnvolle Wurfplanung und gerade beim American Bulldog eine besonders **extrem sorgfältige Auswahl der späteren Welpenbesitzer!**

Die Vermittlung von Welpen in die richtigen Hände entscheidet über die Zukunft nicht nur des einzelnen Hundes oder eines Wurfes, sondern auch über Zukunft der Rasse insgesamt. Dies sollte jedem Züchter und jedem, der es werden möchte, jederzeit nur allzu bewusst sein. Schlechte Haltungsbedingungen hier, eine „schlechte Presse" dort – und schon kann es richtig schwierig werden.

Welpeninteressenten wünschen sich unter Umständen einen Bulldog nicht wegen seines phantastischen Wesens oder aus echter Zuneigung zu dieser Rasse, sondern vielmehr nur, um ein Pestigeobjekt zu besitzen. Diese Menschen verfügen dann oft nicht über die Kenntnisse, einen Hund artgerecht und liebevoll aufzuziehen und zu einem angenehmen Hausgenossen zu erziehen. Teilweise ist dies auch gar nicht ihr Interesse.

Aus diesem Grund sollte schon möglichst lange vor der geplanten Verpaarung Ausschau nach geeigneten und seriösen Welpenkäufern gehalten werden. Es kann davon ausgegangen werden, dass jemand, der sich schon lange bevor ein Wurf gefallen ist bei einem Züchter informiert und gegebenenfalls einen Welpen reserviert, seine Entscheidung mit Verstand fällt.

Ganz unbedingt muss sich ein American Bulldog-Züchter jeden Welpeninteressenten und möglichst auch dessen Umfeld gründlich ansehen, um späteren, dann zumeist traurigen Überraschungen vorzubeugen. Auch muss er bereit sein, ungeeigneten Menschen von einem Welpen abzuraten, unseriösen Interessenten sogar einen Hund zu verweigern.

Trotz aller Vorsorge muss jedoch immer damit gerechnet werden, dass der eine oder andere Welpe einmal länger im Haus bleiben könnte und dann natürlich auch einen Anspruch auf artgerechte und liebevolle Betreuung und Unterbringung hat. Zu guter Letzt endet die Verantwortung für die gezüchteten Welpen keineswegs mit deren Verkauf. Diese Verantwortung bleibt ein Hundeleben lang bestehen, weshalb ein jeder Züchter bemüht sein sollte, einen guten Kontakt zu allen seinen Welpenbesitzern zu pflegen.

Die seriöse und rassefördernde Hundezucht ist ein sehr zeitaufwendiges Hobby für Idealisten. Dass diese Art der Hundezucht keine großartigen Gewinne abwirft, hat sogar das Finanzamt erkannt. Ein Gewerbe sollte sie niemals werden dürfen.

**Lange bevor diese Welpen geboren wurden,
hat sich der Züchter bereits alle nötigen Kenntnise angeeignet.**

Grundlagen von Zucht und Genetik

Bevor nun also die Hündin für die Zucht einem geeigneten Rüden zugeführt werden kann, sind unbedingt die nötigen Kenntnisse über Vererbung, Trächtigkeit und Geburt sowie Aufzucht, Ernährung und Prägung von Welpen zu erwerben. Ebenso sollte man sich schon so zeitig wie möglich um die zukünftigen Familien bemühen und zu den Interessenten Kontakt halten. Einige Grundkenntnisse in Sachen Genetik/Vererbung soll das folgende Kapitel vermitteln. Sie sollten jedoch nach Möglichkeit noch durch das Studium entsprechender Fachliteratur erweitert werden.

Chromosome

Ein Hund besteht wie jedes Lebewesen aus unzähligen Körperzellen, von denen jede einen eigenen Zellkern besitzt. In jedem dieser Zellkerne befindet sich ein vollständiger Chromosomensatz, welcher den gesamten Bauplan des Hundes beinhaltet. Jedes der 39 verschiedenen Chromosomen bei unserem Hund liegt in den Zellkernen doppelt vor (nämlich jeweils eins von der Mutter und eins vom Vater). Jeder Hund besitzt also pro Zelle 78 Chromosomen. Man spricht dabei von 39 homologen Chromosomenpaaren.

In den Geschlechtszellen liegt jedoch nur ein einfacher, aber vollständiger Chromosomensatz vor. Bei der Bildung von Spermien und Ei infolge Reduktionsteilung entscheidet bei jedem Chromosomenpaar der Zufall, welches Chromosom (also von Vater- oder Muttertier) enthalten ist.

Wird das Ei nun von einem Spermium befruchtet, so entstehen aus den zwei Mal 30 Chromosomensätzen wieder 39 Chromosomenpaare. Damit verfügt das neu entstandene Individuum wieder über 78 neu kombinierte Chromosomen.

Gene und Allele

Auf jedem Chromosom liegen die Gene. Jedes Gen, seinerseits aus der Desoxyribonukleinsäure (DNA) bestehend, enthält die Botschaft über ein ganz bestimmtes Merkmal, zum Beispiel die Augenfarbe. Und jedes dieser Gene liegt auf einem bestimmten Chromosom an einer ganz bestimmten Stelle. Da von jedem Chromosom zwei vorhanden sind, besitzt der Hund auch jedes Gen in zweifacher Ausführung: Jeweils eins von seiner Mutter und eins vom Vater.

Die gleichen Gene können jedoch verschiedene Ausprägungen eines Merkmals bewirken. Diese werden als Allele bezeichnet. Das Gen für das Merkmal Augenfarbe kann also beispielsweise in den Variationen helle Augenfarbe, dunkle Augenfarbe oder blaue Augenfarbe auftreten. Ein Hund kann von jedem Gen jedoch nur zwei Allele besitzen, entweder zwei gleiche oder zwei verschiedene.

Bei zwei verschiedenen Allelen kommt oft nur eines zur Ausprägung. Dieses ist das dominante „Gen". Sein gewissermaßen „schwächeres Gegenstück", das rezessive Allel erscheint somit gar nicht im äußeren Erscheinungsbild (dem Phänotyp) unseres Hundes. Es kommt nur zur Ausprägung, wenn es doppelt vorliegt, also von beiden Elterntieren an den Welpen weitergegeben wurde.

Ein Beispiel für einen dominant-rezessiven Erbgang ist die oben schon erwähnte Augenfarbe. Dunkle Augenfarbe ist gegenüber der hellen dominant. Wird daher ein reinerbig dunkeläugiger Hund mit einem reinerbig helläugigen verpaart, so wird der gesamte Wurf über dunkle Augen verfügen. Die Welpen sind für das Merkmal „dunkle Augen" aber nicht mehr reinerbig (homozygot), denn sie verfügen auch über das Allel für helle Augenfarbe.

Der Nachwuchs von zwei solchen mischerbigen (heterozygoten) Hunden, wird statistisch gesehen zu 25% über helle Augen verfügen, etwa 25% werden reinerbig dunkeläugig sein und ungefähr 50% werden dunkeläugig sein, aber das rezessive Gen für die helle Augenfarbe tragen.

Folgende Kreuzungsschemata sollen die verschiedenen Kombinationsmöglichkeiten bei der Verpaarung hell- und dunkeläugiger Hunde verdeutlichen. In solchen Tabellen wird das Gen durch einen Buchstaben gekennzeichnet. Der Großbuchstabe steht für das dominante Allel, der Kleinbuchstabe für das rezessive. „A" steht in unserem leicht vereinfachten Beispiel also für dunkle Augenfarbe und „a" für helle Augenfarbe.

	A	a
A	AA	Aa
a	Aa	aa

	A	A
a	Aa	Aa
a	Aa	Aa

Zwei mischerbige Hunde (Aa) werden verpaart. 75% der Nachkommen haben dunkle Augen, 25% helle (aa). 50% tragen jedoch das rezessive Allel, obwohl sie dunkeläugig sind (Aa).

Ein reinerbig dunkeläugiger (AA) und ein reinerbig helläugiger Hund (aa) werden verpaart. Alle Welpen haben im Erscheinungsbild dunkle Augen, sind aber mischerbig (Aa).

	a	a
a	aa	aa
a	aa	aa

Bei der Verpaarung von zwei helläugigen Hunden (aa und aa) haben auch alle Welpen helle Augen.

Zusätzlich gibt es jedoch auch Merkmale, die polygen vererbt werden. Hierbei sind mehrere Gene für die Ausprägung des entsprechenden Merkmals verantwortlich.

Dieses Merkmal kann je nach der entsprechenden Gen- und Allelkombination vollständig oder gar nicht auftreten, es sind jedoch auch etliche Abstufungen dazwischen möglich.

Diese weitaus komplizierteren Erbgänge treten recht häufig auf. Sie stellen daher eine der Schwierigkeiten bei der Wurfplanung dar. Des weiteren gibt es Gene mit mehr als zwei Allelen. Soll dies schematisch dargestellt werden, so reichen Groß- und Kleinbuchstaben nicht mehr aus und eine Erweiterung ist notwendig.

Es sind dies beispielsweise:

- E für einfarbig dunkel
- e1 für dunkel mit Abzeichen an Fang, Pfoten, Bauch, Rute und Hals
- e2 gescheckt
- e3 rein weiß mit vereinzelten kleinen dunklen Flecken

Eine weitere Möglichkeit ist die unvollständige Dominanz. Hier wirken sich die verschiedenen Allele eines Gens (im Beispiel des Gens für die Fellfarbe) unterschiedlich stark auf die Merkmalsausprägung aus.

Das folgende fiktive Beispiel soll der Erklärung dienen:

> Ein roter Hund ist reinerbig rot (rr), ein weißer reinerbig weiß (ww). Bei den Welpen der beiden lägen also jeweils ein Allel „r" und eins „w" des Farbgens vor. Sie hätten bei fehlender Dominanz die Fellfarbe rosa.

Glücklicherweise sind schon einige wichtige Erbgänge bei Hunden aufgedeckt und erklärbar. Das ermöglicht es einem fähigen Züchter, mit nicht allzu viel Aufwand beispielsweise die mögliche Farbverteilung, die Augenfarbe und einige Kennzeichen mehr der geplanten Welpen vorauszusagen, sobald beide Elterntiere und die damit auch Großelterngeneration bekannt sind.

Zuchtmethoden

Um Hunde nicht einfach nur zu vermehren, ist es die Pflicht jedes Züchters, sich so viel Wissen wie möglich über die Auswirkung der Gene auf den Phänotypen unserer Hunde anzueignen. Dieses Wissen muss dann auch konsequent angewendet werden, um die Rasse dem Standard näherzubringen. Die Anwendung verschiedener und die Anwendung einiger Zuchtmethoden ist dabei unumgänglich.

Inzucht

Inzucht ist die Verpaarung zweier Lebewesen, die in hohem Grad miteinander verwandt sind, also Bruder mit Schwester, Vater mit Tochter, Mutter mit Sohn.

Solche ansonsten sehr unüblichen Verpaarungen werden unternommen, um die Reinerbigkeit bestimmter, erwünschter Eigenschaften zu erreichen. Dem liegt zu Grunde, dass die Wahrscheinlichkeit sehr hoch ist, dass, wenn zwei eng miteinander verwandte Tiere ein bestimmtes Merkmal aufweisen, dieses auch durch

Vater (*Van Hoose´s Koa of Boyd*) ...

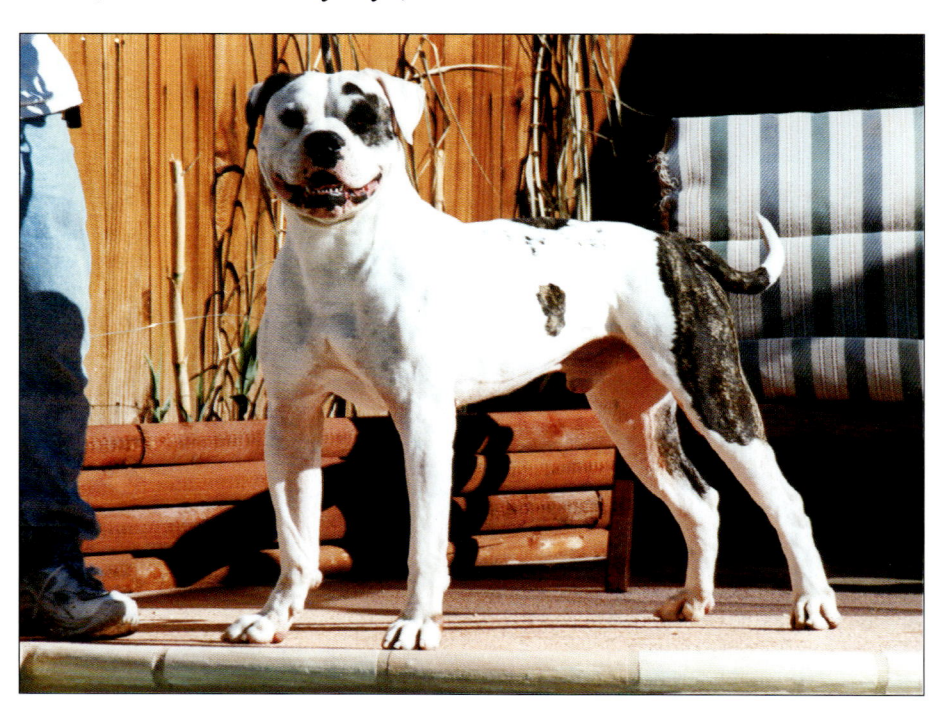

die selben Gene auf dem selben Genort bestimmt wird. Welpen dieser Tiere werden also dieses gewünschte Merkmal mit sehr großer Wahrscheinlichkeit nicht nur auch selbst besitzen, sondern mit ähnlich großer Wahrscheinlichkeit für dieses Merkmal sogar reinerbig (homozygot) sein.

Handelt es sich hierbei um ein dominant vererbtes Merkmal, so werden diese Welpen mit nahezu hundertprozentiger Wahrscheinlichkeit dieses bestimmte Merkmal wiederum an ihre Nachzucht weitergeben. Damit ist ein neues Merkmal gefestigt worden und die „Erbkraft" der Tiere für dieses Merkmal wurde erhöht.

Ein nicht zu übersehender und nicht zu vernachlässigender, großer Nachteil der Inzucht liegt darin, dass viele unerwünschte Eigenschaften und Erbkrankheiten rezessiv vererbt werden. Was also bei den Elterntieren nicht unbedingt erkennbar ist, kann bei ihren Welpen dann aber auftreten. Was man sich bei den sichtbaren erwünschten Eigenschaften erhofft, kann mit den möglicherweise zunächst unsichtbaren, unerwünschten Eigenschaften ebenso geschehen. Inzucht verstärkt demnach nicht nur die guten, sondern eventuell auch die verdeckten negativen Eigenschaften.

... und Sohn (*Souza´s Matias of S.A.B.*).

Da Inzucht sich des Weiteren auch negativ auf die Fruchtbarkeit, die Körpergröße und zudem auch noch negativ auf die Gesundheit der Tiere auswirkt, sollte sie wenn irgend möglich vermieden werden.

Eine solche Inzucht-Verpaarung sollte, wenn überhaupt, nur von Züchtern durchgeführt werden, die mit der Rasse und insbesondere mit den Ahnen der vorgesehenen Elterntiere sehr gut vertraut sind, also das Vorhandensein negativ rezessiver Allele nahezu ausschließen können.

Insbesondere bei den American Bulldogs sollte in Deutschland möglichst auf Inzucht verzichtet werden, da hier die genetische Basis (Einführung der Rasse erst mit dem ersten Wurf 1994) zur Zeit naturgemäß noch sehr klein ist.

Linienzucht

Die Linienzucht ist als abgeschwächte Form der Inzucht zu verstehen. Hier werden auch verwandte Elterntiere eingesetzt, doch mit einem viel geringeren Verwandtschaftsgrad, also beispielsweise Cousin und Cousine. Auch die Linienzucht soll die positiven Eigenschaften der jeweiligen Hunde und der Linien, aus denen sie stammen, im Erbmaterial der Welpen festigen. Aber auch hier können unerwünschte Merkmale, also versteckte Mängel zum Vorschein kommen. Aus diesem Grund sollten bei der Linienzucht die Abstammungen beider Zuchtpartner bestens bekannt und gesund sein.

Eigentlich ist die Linienzucht eine gute Möglichkeit, die Vorteile der Inzucht zu nutzen und ihre Risiken zu verringern. Ganz ausschalten lassen sie sich andererseits jedoch nie. Auch kann man nicht einfach beliebige Hunde mit einem gleichen Vorfahren miteinander verpaaren und dann sagen, es sei Linienzucht. Voraussetzung ist eine genaue Kenntnis der gewählten Linien und von deren Vorzügen und Fehler. Natürlich hängt der Erfolg einer Verpaarung, und damit auch einer Linienzucht-Verpaarung immer davon ab, ob die gewählten Elterntiere im Typ zueinander passen, sowohl vom Phänotyp als auch vom Genotyp (Erbmaterial) her.

Besonders beim American Bulldog sollte auf Verpaarungen von extrem unterschiedlichen Typen verzichtet werden. Man kann beispielsweise einen zu kurzen Fang ausgleichen. Hier muss aber zur Hündin ein Rüde mit der gewünschten Fanglänge gewählt werden, nicht mit einem extra langen Fang. Andernfalls erhielte man in einem Wurf einige Welpen mit extrem kurzem und einige mit extrem langem Fang. Das gleiche trifft ähnlich auf alle anderen Merkmale zu – einschließlich des Wesens.

Die Wahl von zueinander passenden Partnern, sowohl hinsichtlich des Körperbaus und des Wesens als auch von den Ahnentafeln her, sollte bei jeder Zuchtmethode im Vordergrund stehen.

Grundlagen von Zucht und Genetik

Typ und Wesen tragen entscheidend zur Zuchtauswahl bei.

Auskreuzung

Als Auskreuzung wird eine Verpaarung von zwei Hunden bezeichnet, die in den ersten fünf oder mehr Generationen keine gemeinsamen Vorfahren haben. Da bei einer solchen Verpaarung die Genotypen der beiden Tiere meist ziemlich unterschiedlich sind, ist das Ergebnis sehr dem Zufall überlassen.

Der Wurf von zwei nicht miteinander verwandten Hunden des gleichen Typs wird zwar recht wahrscheinlich dem Typ der Eltern entsprechen, aber die Erbkraft dieser Tiere ist eher gering.

Versucht man daher per Auskreuzung mit einem solchen Tier ein bestimmtes Merkmal eines Hundes von einem anderen Typ zu verbessern, wird sich das positive Merkmal des ausgekreuzten Hundes – weil zu schwach – vermutlich nicht durchsetzen.

Trotzdem sollten insbesondere bei den American Bulldogs von Zeit zu Zeit wohlüberlegte Auskreuzungen durchgeführt werden, um eine möglichst große Anzahl verschiedener Genkombinationen zu erhalten. Sie könnten eine wichtige Grundlage für den Aufbau einer sinnvollen und planmäßigen Zucht in Deutschland bilden.

Anforderungen an die Zuchttiere

Wie aus den vorangegangenen Kapiteln ersichtlich ist, hängen das Ergebnis eines Wurfes und damit das Wohl der Rasse einerseits und der Erfolg des Züchters andererseits von dessen Fähigkeit ab, zwei geeignete Hunde zusammenzuführen. Doch auch schon zuvor gibt es Einiges zu beachten.

Beide Tiere müssen, bevor sie überhaupt in die Zuchtplanung einbezogen werden können, auf ihre allgemeine Zuchttauglichkeit geprüft werden. Dies geschieht in den unterschiedlichen Vereinen oft durch eine Zuchttauglichkeitsprüfung (ZTP) des Vereins oder eine offizielle Begleithundeprüfung (BH). Viele Vereine schreiben auch eine Hüftauswertung und teilweise auch dokumentierte Showerfolge vor.

Grundsätzlich sollte jeder Zuchthund dem angestrebten Standard in allen Bereichen einschließlich des Wesens möglichst nahe kommen und damit sehr guter oder vorzüglicher und insbesondere gesunder Vertreter seiner Rasse sein. Betrachten wir also einmal, welche Eigenschaften eine gute Hündin und ein geeigneter Deckrüde aufweisen sollten.

Die Hündin

Eine zur Zucht geeignete Hündin sollte sich in erster Linie durch ein gutes Wesen auszeichnen und dem Rassestandard möglichst gut entsprechen. Sie muss vom Körperbau und Gesundheitszustand her fähig sein, auch einen großen Wurf (gelegentlich fallen zwölf und mehr Welpen in einem Wurf!) aufzuziehen. Weiterhin ist sicher zu stellen, dass sie frei von Erbkrankheiten wie HD und ED ist. Hierzu wird die Hündin unter Vollnarkose von einem hierfür zugelassenen Tierarzt geröngt, die Bilder werden ausgewertet. Bevor dies jedoch unternommen werden kann, muss der Besitzer sich von einem zuständigen Zuchtverein entsprechende Auswertungsformulare zuschicken lassen. Die Röntgenaufnahmen werden dann zusammen mit den Formularen zu einem vom jeweiligen Verein zugelassenen und benannten Gutachter geschickt. Dieser wertet die Aufnahmen aus und schickt das Ergebnis an den Verein zurück, welcher es dann seinerseits dem Hundebesitzer zukommen lässt. Die Kosten hierfür sind vom Hundebesitzer zu tragen.

Um HD und ED wirkungsvoll bekämpfen zu können, darf keine „unausgewertete", also nicht begutachtete Hündin in der Zucht eingesetzt werden. Hündinnen mit HD-/ED-mittel oder schlechterem Ergebnis dürfen in der Zucht nicht eingesetzt werden, um die Zucht von möglichst gesunden Welpen zu erreichen.

Wenn der Entschluss zur Zucht gefällt wird, ist der erste American Bulldog meistens schon im Haus. Sollen wirklich rassetypische Bulldogs gezogen werden, hängt nun viel von der Fähigkeit der Besitzer ab, ihren Hund objektiv einzuschätzen. Dies scheint eine der schwierigsten Aufgaben für neu beginnende Züchter zu sein. Zum ersten fehlt in einigen Fällen das Wissen um den Rassestandard oder die Zucht ganz, zum Anderen scheint es auch nicht ganz einfach zu sein, dieses Wissen objektiv anzuwenden.

Hier kann der in einigen Vereinen für die Zuchttauglichkeit erforderliche Besuch mehrerer Ausstellungen helfen. Doch sollte sich jeder werdende Züchter bemühen, auch selbst Hunde gerecht zu beurteilen, denn spätestens bei der Wahl des geeigneten Deckrüden ist diese Fähigkeit erneut notwendig, auch wenn dabei die Rassehundvereine teilweise hilfreich zur Seite stehen.

Auch später muss die Hündin weiter aufmerksam beobachtet werden. Wenn sie beispielsweise bei der Aufzucht ihres ersten Wurfes Instinktmängel zeigt sollte sie nicht weiter zur Zucht eingesetzt werden: Auch diese Mängel sind erblich.

Der Deckrüde

Über alle bei der Hündin aufgeführten Merkmale sollte auch ein Zuchtrüde verfügen. Doch da ein Rüde im Laufe seines Lebens zumindest theoretisch ein Vielfaches an Welpen gegenüber einer Hündin erzeugen kann, sollten bei ihm noch viel höhere Maßstäbe hinsichtlich der Qualität gesetzt werden.

Beim Rüden muss zusätzlich noch darauf geachtet werden, dass beide Hoden vollständig in den Hodensack abgestiegen sind. Hodenhochstand ist in jedem Fall ein zuchtausschließender Fehler. Ein aktiver Deckrüde sollte regelmäßig auf Pilz- und Bakterienbefall der Geschlechtsteile untersucht werden, um eine Ansteckung der ihm zugeführten Hündinnen zu vermeiden. Bei denen nämlich können solche eingeschleppten Keime zu einer ausbleibenden Befruchtung oder sogar zu Gebärmutterentzündungen führen.

Jeder Rüdenbesitzer sollte sich, bevor er einem Decksprung seines Rüden zustimmt, auch eingehend von der Qualität der Hündin überzeugen. Zeugt nämlich der eigene erstklassige Deckrüde schlechte Welpen aufgrund der Verpaarung mit einer „fehlerhaften" Hündin, so fällt dies mit Sicherheit auch auf ihn zurück. Vom Wesen her unzureichende, anderweitig fehlerhafte, kranke oder einfach nicht zum Rüden passende Hündinnen sollte daher jeder Rüdenbesitzer ablehnen.

Von der Läufigkeit bis zur Welpenaufzucht

Hat man sich nun tatsächlich zur Zucht entschieden, sind alle Vorbedingungen erfüllt, ein Zwinger (Zwingername) bei einem der Clubs beantragt, der geeignete Deckrüde gefunden und möglichst auch schon ein paar Welpeninteressenten, dann muss die eigene Hündin eigentlich nur noch läufig werden. Das aber passiert nicht zu jedem gewünschten Zeitpunkt.

Die Läufigkeit (Hitze)

Der Läufigkeitszyklus der meisten Hündinnen liegt zwischen sechs und acht Monaten und setzt beim American Bulldog zum ersten Mal meist im Alter von zehn bis 15 Monaten ein. Eine erste Belegung sollte aber nicht vor der dritten Hitze und nicht mehr nach dem fünften Lebensjahr der Hündin erfolgen.

Kurz vor dem errechneten Beginn der Hitze sollte die Hündin noch einmal gründlich entwurmt werden. Zusätzlich muss überprüft werden, ob sie durchgehend geimpft ist.

Schon einige Zeit vor Einsetzen der Blutung beginnt die Hündin zu markieren: Statt eine großen Pfütze zu machen verteilt sie ihren Urin im Laufe eines Spaziergangs sorgfältig in kleinen Spritzern; einige Hündinnen tun dies sogar einem Rüden ähnlich mit erhobenem Lauf. Die Vulva beginnt anzuschwellen und das Mädchen wird jetzt schon für Rüden interessant. Sie aber reagiert auf sich deutlich interessiert nähernde Rüden aber zu diesem Zeitpunkt zunehmend zickig.

Als erster Tag der Hitze wird der Tag, an dem sie den ersten Blutstropfen verliert, angesehen. Soll die Hündin bei einer Läufigkeit belegt werden, darf deremn erster Tag auf keinen Fall übersehen werden.

Hat die Blutung eingesetzt, sollte sofort ein Tierarzt aufgesucht werden, der dann einen Scheidenabstrich vornimmt. Dieser gibt Aufschluss darüber, ob sich in den Genitalien der Hündin Bakterien angesiedelt haben, die eventuell eine Befruchtung unmöglich machen könnten. Solche Infektionen sind leider gar nicht so selten und sollten in ihrer Wirkung nicht unterschätzt werden. Mit einer medikamentösen Behandlung aber ist dieses Problem recht schnell gelöst.

Die Dauer einer Läufigkeit liegt etwa bei 21 Tagen. In der ersten Woche (Proöstrus) ist die Blutung dunkelrot. Zu diesem Zeitpunkt ist keine Befruchtung möglich. Die meisten Hündinnen beißen zu dieser Zeit den Rüden auch noch mit Nachdruck weg oder setzen sich einfach auf ihr Hinterteil, wenn ein Rüde kommt.

Zwischen dem 8. und dem 14. Tag liegt die eigentliche Brunst (Östrus), während der die Hündin den Rüden akzeptiert. Die Eizellen werden in die Eileiter abgegeben. Der Ausfluss verändert sich von oft blutig rot zu leicht rosa und hört in einigen Fällen sogar ganz auf. Andere Hündinnen bluten vom ersten bis zum letzten Tag.

Der ideale Zeitpunkt für den Decktermin liegt in der Regel so um den zehnten bis zwölften Tag, schwankt aber von Hündin zu Hündin. Hat man einen Rüden im Haus, so kann man die Hündin durchaus mit ihm „testen". Präsentiert sie ihm ihr Hinterteil und legt deutlich die Rute zur Seite, so ist sie paarungsbereit. Leider muss dies nicht unbedingt auf den richtigen Deckzeitpunkt hinweisen, da sich manche Hündinnen sogar die vollen drei Wochen über decken lassen.

Hat man eine weite Anfahrt zum erwählten Deckrüden (üblicherweise reist die Hündin mit ihrem Besitzer zum Rüden, siehe unten), ist die sicherste Methode ein vom Tierarzt durchgeführter Progesteron-Test. Bei diesem Test wird aus dem Progesteron-Spiegel im Blut das Stadium der Hitze der untersuchten Hündin bestimmt. Der Tierarzt braucht also nur einen Tropfen Blut abzunehmen, um den Test durchführen zu können. Dies wird nach dem sechsten oder achten Tag der Hitze jeden zweiten Tag durchgeführt.

Zeigt der Test an, dass ein bestimmter Schwellenwert überschritten wurde, so ist der richtige Zeitpunkt erreicht, um zum Rüden zu fahren.

Der Deckakt

Der Deckakt sollte immer beim Rüden stattfinden, um eventuelles Territorialverhalten der Hündin zu vermeiden.

Für eine unerfahrene Hündin sollte möglichst ein erfahrener Deckrüde gewählt werden und umgekehrt. Auch sollte sich der Rüdenbesitzer, bevor er Hündin und Rüden endgültig zusammenlässt, überzeugen, dass die Hündin den Rüden auch wirklich akzeptiert. Ein negatives Erlebnis beim Deckakt kann insbesondere einem jungen Rüden das Decken für immer verleiden.
Einige sehr triebstarke und erfahrene Rüden kommen nach kurzem Schnüffeln und Beschnuppern sofort „zur Sache", andere ernst nach einem längeren „Liebesspiel". Um die Hunde nicht zu überlasten, sollten sie – ist es trotz gegenseitigen Interesses nach rund 20 Minuten noch zu keinem Deckakt gekommen – für mindestens sechs Stunden wieder getrennt werden. Dies deutet daraufhin, dass der richtige Zeitpunkt noch nicht gekommen ist. Gleiches gilt, falls der sonst

deckfreudige Rüde an der stehenden, zur Paarung bereiten Hündin kein nachhaltiges Interesse zeigt.

Nach dem eigentlichen Deckakt kommt es durch eine Schwellung am Penis und eine Muskelkontraktion der Scheide zum sogenannten „Hängen" von Rüde und Hündin. Sie können sich nicht trennen. Vor allem unerfahrene Hunde versuchen, sich dem dadurch entstehenden Druck zu entziehen. Um eine vorzeitige Trennung oder gar eine Verletzung beider Partner zu verhindern, sollten zu diesem Zeitpunkt Rüden- und Hündinnenbesitzer ihre jeweiligen Tiere festhalten und sanft beruhigen. Dem Rüden sollte dann bei seinen Versuchen, von der Hündin abzusteigen um Rute an Rute mit ihr zu stehen, geholfen werden.

Das „Hängen" dauert normalerweise zwischen zehn und 45 Minuten. Haben sich die Hunde voneinander gelöst, sollten beide jeweils für sich an einen ruhigen Ort gebracht werden, wo sie sich ausruhen und gründlich reinigen können. Es sollte unbedingt vermieden werden, dass die Hündin in der nächsten Zeit uriniert, da dadurch noch in der Scheide befindliche Spermien herausgespült würden.

Die Hündin sollte vor der Heimfahrt ohnehin noch einige Zeit ausruhen können. Dieser Zeitraum kann genutzt werden, um mit dem Rüdenhalter den Deckschein

Tragende American Bulldog-Hündin kurz vor dem Wurftag.

auszufüllen, welcher erforderlich und beim jeweiligen Rasse-Club erhältlich ist, und die vorher vereinbarte Decktaxe zu übergeben. Die Höhe dieser Decktaxe liegt normalerweise in der Höhe eines Welpenpreises, kann bei einem jungen Rüden aber auch darunter liegen. Bei einem herausragenden Deckrüden kann sie dann aber durchaus auch höher sein.

Bei der Gelegenheit sollte auch ein eventueller zweiter Decktermin etwa zwei Tage nach dem ersten vereinbart werden.

Die Trächtigkeit

Eine normale Hündin trägt 63 Tage, bei großen Würfen mit vielen Welpen eher kürzer, bei kleinen eher länger.

Die ersten vier Wochen nach dem Deckakt wird die Hündin genauso bewegt und gefüttert wie zuvor! Auf keinen Fall sollte sie in dieser Zeit schon geschont und verstärkt gefüttert werden. Die Welpen wachsen während dieser Zeit kaum und die Hündinbenötigt noch kein zusätzliches Futter.

Extreme Belastungen, wie zum Beispiel Hundesport, sollten jedoch schon gleich nach dem Deckakt vermieden werden.

Eine Ultraschallaufnahme von der Gebärmutter einer tragenden Hündin: In der Bildmitte ist einer der Welpen zu erkennen.

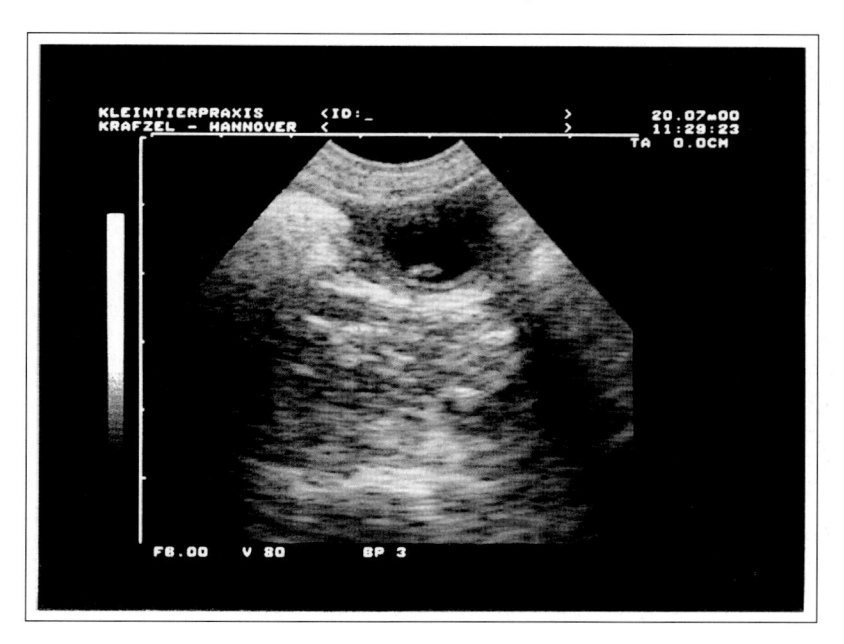

Nach der vierten Trächtigkeitswoche wird die Energiezufuhr der Hündin über das Futter nach und nach um rund 60 Prozent gesteigert. Die Futtermenge sollte nun auf drei Mahlzeiten täglich verteilt werden, denn der Platzbedarf der stetig wachsenden, ungeborenen Welpen steigt jetzt langsam an. Ferner sollte weniger die Futtermenge als vielmehr der Energiegehalt des Futters gesteigert werden, was zum Beispiel durch eine Umstellung auf Welpenfutter zu erreichen ist.

Um dem in dieser Zeit steigenden Kalziumbedarf der ungeborenen Welpen ebenfalls Rechnung zu tragen, ist eine Zufütterung von etwa 200 Gramm Magerquark pro Tag durchaus empfehlenswert. Ausgiebige, ruhige Spaziergänge können und sollten bis in die letzten Trächtigkeitswoche hinein durchgeführt werden. Sie halten die Hündin fit. Zwei Wochen vor dem errechneten Geburtstermin sollte die Hündin noch einmal mit einem verträglichen, milden Präparat gegen Spul- und Hakenwurmbefall behandelt werden.

Die Geburt

Ebenfalls zwei Wochen vor dem errechneten Geburtstermin kann die Wurfkiste zum Schlafplatz der werdenden Mutter erklärt werden, damit sie genug Zeit hat sich daran zu gewöhnen.

Die Grundfläche der Wurfkiste sollte etwa 1,10 Meter im Quadrat betragen. Ein zusätzlicher Rahmen in ungefähr sieben Zentimetern Höhe soll verhindern, dass Welpen von einer unvorsichtigen Mutter an die Kistenwand gedrückt werden könnten. Da Bulldogs eine sehr hohe Reizschwelle haben, reagieren sie unter Umständen nicht sofort auf das Quieken eines so in Bedrängnis gekommenen Welpen. Die vordere Wand der Wurfkiste sollte stufenweise erhöht werden können und schliesslich ganz herauszunehmen sein, damit die heranwachsenden Welpen nach der dritten Lebenswoche die Kiste selbstständig verlassen können. Der Boden sollte mit einer leicht abwaschbaren Kunststoffmatte, etwa einer Wickeltischauflage oder mit einem dickem PVC-Fußboden ausgelegt werden.

Ab dem 58. Tag nach dem ersten Deckakt sollte die Hündin möglichst nicht mehr über längere Zeiträume allein gelassen werden. Der Züchter sollte, steht die Wurfkiste nicht ohnehin im Schlafzimmer, ebenfalls in ihrer Nähe übernachten, damit er im Notfall auch nachts jederzeit sofort helfen kann.

Ungefähr einen Tag vor der bevorstehenden Geburt fällt die Hündin im Bereich der Flanken sichtbar ein. Dies ist ein Zeichen dafür, dass die Welpen „absacken". Die sichersten Anzeichen der kurz bevorstehenden Geburt sind die zunehmende Unruhe der Hündin, anhaltendes Hecheln und ein eventuelles verstärktes Hin- und Herscharren des Lagers. Nun beginnen die Vorwehen. Von diesem Stadium an sind die meisten Hündinnen nur noch unter Zwang bereit, ihr Wurflager zu verlassen. Müssen sie zum Lösen kurz nach draussen, dann sollte jetzt unbedingt kontrolliert werden, dass dabei nicht ein Welpe „verloren" wird. Im allgemeinen werfen Bulldog-Hündinnen problemlos. Trotzdem sollte der Züchter darauf vorbereitet sein, im Notfall einzugreifen. Ein oder zwei Tage vor der Geburt sollte vorsichtshalber auch der Tierarzt informiert werden.

Bereit gestellt werden sollten vor der Geburt:

- Eine Welpenwaage oder eine Küchenwaage zum Wiegen der Neuankömmlinge
- Ein Eimer mit lauwarmem Wasser und einem Schuß Desinfektionsmittel zum Reinigen der Wurfkisteneinlage
- Ein saugfähiger Lappen, oder auch mehrere
- Ein Pappkarton mit in Handtücher gewickelten Wärmflaschen für bereits geborene Welpen, während die nächsten zur Welt kommen
- Etwas Garn zum Abbinden der Nabelschnüre und eine scharfe Schere zum Abschneiden des Garns (nicht der Nabelschnüre!)
- Eine Packung Welpenmilchpulver und eine normale Babyflasche, falls bei der Hündin die Milch nicht in die Zitzen einschießt oder nicht ausreicht
- Die Wurfkiste sollte während der Geburt nur mit einem alten aber sauberen Betttuch ausgelegt sein, damit die Hündin etwas zum zerreißen hat und ihren Scharrtrieb abreagieren kann. Auch nimmt das Tuch Nässe auf. Zeitungen sind hingegen besonders bei weißen Hunden wegen der Druckerschwärze nicht zu empfehlen. Außerdem halten sie die Nässe im Lager und sind meist nicht sehr hygienisch.

Es geht los

Jeder Welpe kommt in einer eigenen Fruchthülle zur Welt. Dabei ist es unerheblich, ob der Kopf oder das Hinterteil zuerst erscheint, solange sein Rücken der Rute der Hündin zugewandt ist. Die Eihäute reißt die Hündin normalerweise sofort auf. Sollte sie dies nicht selbstständig tun und den Welpen auch nicht abnabeln, muss das der Züchter übernehmen. Die Eihaut wird hierzu über der Nase des Welpen aufgerissen, dann von vorne nach hinten abgestreift. Schleim und Fruchtwasser werden von Nase und Schnäutzchen entfernt. Ist der Welpe nach dem Abnabeln etwas schlapp und leblos, so wird er mit der Nase nach unten wirklich kräftig mit einem Handtuch trocken gerubbelt bis er den ersten Schrei von sich gibt.

Die Nabelschnur wird nun etwa zwei Zentimeter über der Bauchdecke des Welpen mit den Fingernägeln abgequetscht, aber niemals abgeschnitten. Sollte der Welpe trotzdem bluten, muss sie mit etwas Nähgarn gut abgebunden werden, um zu verhindern, dass der Welpe verblutet.

Ist der Kleine von seiner Mutter trocken geleckt, wird er das erste Mal gewogen. Das Gewicht wird mit den besonderen Kennzeichen und dem Geschlecht des Welpen in eine Tabelle eingetragen, um später vergleichen zu können, ob jeder Welpe auch ausreichend an Gewicht zulegt. Danach darf der Neugeborene seine erste Milchmahlzeit bei Mama zu sich nehmen.

Wichtig ist es, darauf zu achten, dass pro Welpe auch eine Nachgeburt erscheint. Würde auch nur eine in der Hündin verbleiben könnte das zu einer innerlichen Vergiftung der Hündin führen.

Sobald die Hündin erneut mit dem Pressen beginnt, sollte der Welpe in den zuvor erwähnten Karton gelegt werden, wo er trocken liegt und nach der ersten

Zwei Tage alter Bulldog-Welpe.

Mahlzeit auch recht zufrieden sein wird. Dies bewahrt ihn davor, durch das Fruchtwasser bei der Geburt des nächsten Welpen wieder nass zu werden.

In den Pausen zwischen zwei Austreibungen (Geburten) sollten die Welpen wieder zur Hündin gelegt werden, wo sie ihre nächste Mahlzeit der lebenswichtigen Kolostralmilch zu sich nehmen. Diese Milch der ersten Tage (Kolostralmilch genannt) ist für die Welpen von größter Wichtigkeit, denn nur sie enthält eine große Menge von Antikörpern gegen die Keime im Umfeld der Hündin.

Ist der Abstand zwischen zwei Welpengeburten größer als zwei Stunden, sollte unbedingt der Tierarzt alarmiert werden. Hier kann ein zu großer Welpen den Geburtskanal blockieren oder eine Wehenschwäche vorliegen.

Bei einer langen Geburt sollte die Hündin zwischendurch kurz hinaus gebracht werden, um sich Lösen zu können. Aber auch jetzt wieder darauf achten, dass nicht doch noch ein Welpe „auf der Strecke" bleibt! Nachdem alle Welpen geboren sind, wird die Hündin erneut zum Lösen nach draussen gebracht.

**Je mehr positive Erfahrungen der Welpe schon
beim Züchter macht, desto sicherer wird er in seinem späteren Leben.**

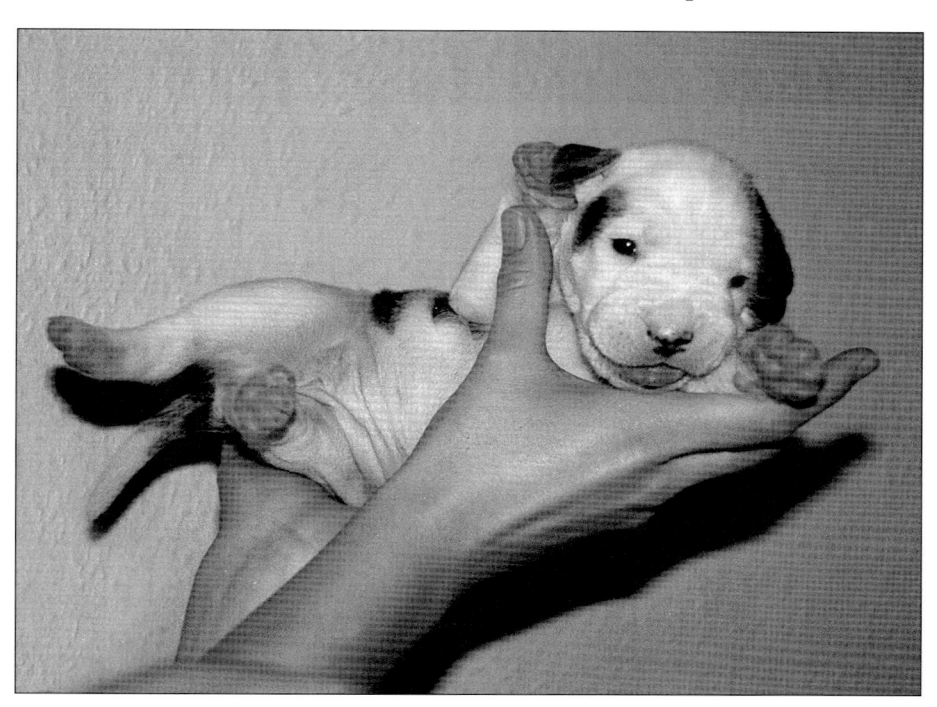

Günstig ist es, wenn derweil eine zweite Person das Wurflager gründlich reinigt und den eingangs genannten Distanzrahmen einsetzt. Das nächste neue Betttuch kann dann problemlos zwischen dem Rahmen und der Kistenwand eingespannt werden. Nun darf die Hündin wieder zu den Welpen. Nachdem die Welpen ihre nächste Mahlzeit zu sich genommen haben, sollten sich alle Beteiligten erst einmal von den Strapazen der Geburt erholen und etwas ausruhen. Bei einem großen Wurf kann sich die Geburt nämlich durchaus über zwölf Stunden hinziehen!

Die ersten Tage: Nicht ohne Gefahren

Die Hündin sollte am ersten Tag nach der Geburt nur die halbe Futterration bekommen. Dies ist notwendig, weil die Welpen zu diesem Zeitpunkt noch nicht sehr viel Milchvolumen zu sich nehmen können und es sonst zu einer Überproduktion kommen kann. Eine solche Überproduktion wiederum kann eine Gesäugeentzündung (Mastitis) auslösen und sollte nicht unterschätzt werden. Unabhängig davon muss das Gesäuge bis zum Absetzen der Welpen täglich auf verdächtige Verhärtungen überprüft werden.

Bei einem großen Wurf erhält die Hündin nach dem ersten Tag dann aber in den nächsten Wochen so viel Futter wie sie mag.

Am Tag nach der Geburt sollte der Tierarzt informiert werden, um sicher zustellen, dass alle Welpen geboren und alle Nachgeburten ausgetrieben worden sind.

Von diesem Tag an wird auch täglich die Körpertemperatur der Hündin gemessen. Sie ist in den ersten Tagen nach der Geburt etwas erhöht, was ganz normal ist. Sollte sie jedoch über 40° C steigen muss umgehend der Tierarzt gerufen werden. Dies könnte ein Hinweis auf einen toten Welpen in der Hündin oder eine nicht ausgetriebene Nachgeburt sein. Aber auch die ebenfalls schon erwähnte Gesäugeentzündung könnte eine Ursache dieser hohen Temperatur sein. Bei der sogenannten Eklampsie tritt hohes Fieber in Verbindung mit unterschiedlich starken Krämpfen auf. Beobachtet man solche Symptome bei der Hündin, so ist keine Zeit zu verlieren und unverzüglich der Tierarzt zu rufen. Diese Anfälle können ohne sofortige Hilfe tödlich verlaufen!

Die Welpen sollten nun täglich gewogen werden, um sicherzugehen, dass sie sich gut entwickeln. Nach einer Woche von der Geburt an gerechnet sollte sich ihr Gewicht verdoppelt, spätestens nach der dritten dann verdreifacht haben.

Welpenaufzucht bis zur dritten Woche ...

Da Bulldogs äußerst fruchtbare Hunde sind ist ein Wurf mit zehn oder mehr Welpen keine Seltenheit. Hat die Hündin aber weniger produktive Zitzen als

Welpen, so kann es sein, dass die Welpen trotz ausreichender Milch mit industriell hergestellter Welpenmilch zugefüttert werden müssen.

Das Betttuch in der Wurfkiste muss mindestens einmal täglich gewechselt und die Einlage desinfiziert werden. Die Mutter muss mindestens viermal am Tag gezwungen werden, ihr Lager zu verlassen und sich draußen zu lösen. In dieser ersten Zeit ist bei einer guten Mutterhündin sonst aber keine weitere Hilfe durch den Menschen notwendig.

Um den zwölften Lebenstag herum beginnen sich die Augen und Ohren der Welpen zu öffnen. Bei einem großen Wurf ist es ratsam, bereits zu diesem Zeitpunkt mit einer täglichen Zufütterung zu beginnen. Jeder Welpe erhält hierbei einzeln einen kleinen Ball frischen, besten Rindertartars.

Am Ende der zweiten Woche müssen die Welpen und ihre Mutter das erste Mal mit einem geeigneten Präparat entwurmt werden (mehr zur Wurmkur auf Seite 134).

In der dritten Lebenswoche werden aus den nur schlafenden und saugenden Welpen recht plötzlich kleine, aktive Hunde, die schon zum Ende ihrer dritten Lebenswoche bei schönem Wetter erste kurze Ausflüge nach draußen unternehmen können und sollten.

... und ab der vierten Woche

In dieser Zeit ist es nun die Aufgabe des Züchters, die Welpen ihrem Alter entsprechend an verschiedene Umweltreize heranzuführen. Hierbei werden ihm die wahrscheinlich sehr unterschiedlichen und zahlreichen Welpenbesucher sehr behilflich sein. Es ist erstaunlich, wie viele Menschen einmal nach den kleinen Wesen schauen wollen. Aber auch an verschiedene Alltagsgeräusche und die anderen Hunde und vielleicht auch weitere Tiere des Züchters gehören nun zum Erlebnisprogramm.

Je mehr positive Erfahrungen mit den verschiedensten Situationen die Welpen bereits beim Züchter erhalten, desto sicherer werden sie auch später damit zurechtkommen. Diese Prägungsmaßnahmen müssen natürlich dem Alter angemessen sein, um jede Überforderung der Kleinen zu vermeiden. In dieser Zeit sollten die Welpen nun schon dreimal täglich zugefüttert werden, um die Hündin zu entlasten und eine gesunde Entwicklung des Nachwuchses sicherzustellen.

Nach der fünften Woche wird zusätzlich noch eine vierte Mahlzeit täglich gereicht. Außerdem wird jetzt systematisch mit dem Absäugen (Entwöhnen der Welpen von der Muttermilch) begonnen, sollte die Hündin nicht schon von sich aus anfangen sich zurückzuziehen.

Sind die Welpen sechs Wochen alt, dann ist eine erste Impfung gegen Staupe und Parvovirose ratsam. Danach ist der wichtige Kontakt zu fremden Hunden nicht mehr ganz so riskant wie zuvor.

Die nächste Impfung ist mit dem Erreichen der achten Lebenswoche notwendig. Jetzt wird gegen Staupe, Parvovirose, Leptospirose und Zwingerhusten geimpft. Wurden die Welpen vor diesem Impftermin schon in ihre neuen Familien umgesetzt, ist der Käufer selbstverständlich zu verpflichten, diese wichtige Impfung ebenfalls durchzuführen.

Im Alter von zwölf Wochen müssen dann alle Welpen noch einmal gegen das oben Genannte und zusätzlich gegen Tollwut geimpft werden; auch hierauf müssen die neuen Besitzer vom Züchter ruhig noch einmal sorgfältig hingewiesen werden.

Der günstigste Abgabetermin für die Welpen liegt im Alter zwischen sieben und neun Wochen. Zu diesem Zeitpunkt fällt dem Welpen das Umsetzen am leichtesten, da auch im Rudel die Erziehung nun hauptsächlich vom Vater der Welpen übernommen wird. Die Welpen müssen jetzt einfach viel erleben und ins (neue) Familienrudel eingeordnet werden.

Bild rechts: Diese Welpen sind jetzt alt genug, um bei ihren „neuen Menschen" einzuziehen!

Ernährung

Allgemein betrachtet ist Ernährung die Aufnahme von Stoffen, die zur Erhaltung des Lebens, des Wachstums und der Fortpflanzung von Lebewesen notwendig sind.

Wölfe – und damit auch Hunde – sind „Beutetierfresser", weshalb sie hauptsächlich Nährstoffe tierischer, aber zusätzlich auch welche pflanzlicher Herkunft benötigen.

Grundsätzlich werden tierische Nährstoffe vollständiger verdaut als die pflanzlichen, was auf deren Zellulosegehalt zurückzuführen ist. Diese stellt aber wertvolle Ballaststoffe, von denen die Darmtätigkeit angeregt und reguliert wird.

Nahrungsmittel sind aus Proteinen, Fetten und Kohlenhydraten aufgebaut. Hinzukommen lebenswichtige Vitamine und Mineralstoffe.

Proteine (Eiweiße)

Proteine sind aus verschiedenen Aminosäuren aufgebaut und werden durch ihre Reihenfolge charakterisiert. Als Hauptbaustoff des Körpers bilden sie die Gerüstsubstanzen des Bewegungsapparates, sind Hauptbestandteil der Muskulatur und dienen der Speicherung von Erbinformationen. Außerdem bestehen die Enzyme, die Hormone und das Immunsystem aus Proteinen.

Über die Nahrung müssen essentielle (lebensnotwendige) Aminosäuren aufgenommen werden, da diese nicht vom Körper synthetisiert (selbst hergestellt) werden können.

Durch den ständigen Abbau von Proteinen wird auch ein Teil der vom Organismus benötigten Energie gewonnen. Ein Gramm Eiweiß entspricht 4,1 Kilokalorien.

Anhand dieser wichtigen Funktionen wird deutlich, warum jedem Hund wie jedem Lebewesen eine seinen genauen Bedürfnissen entsprechende Menge an Proteinen zugeführt werden muss.

Fette

Fette setzen sich aus verschiedenen Fettsäuren zusammen, wobei nach ungesättigten und gesättigten Fettsäuren unterschieden wird. Die ungesättigten Fettsäuren sind fast ausschließlich pflanzlicher Herkunft, die gesättigten tierischer. Die meisten ungesättigten Fettsäuren sind gleichzeitig essentiell („lebensnotwendig"). Sie müssen dem Organismus mit dem Futter zugeführt werden. Die wichtigste essentielle Fettsäure für den Hund ist die Linolsäure, eine unter anderem in Leinöl enthaltene, ungesättigte Fettsäure.

Die Hauptfunktion der Fette ist die Energiezufuhr und -speicherung. Fette stellen den Hauptenergielieferanten für den Körper dar. Ein Gramm Fett entspricht 9,3 Kilokalorien.

Kohlenhydrate

Kohlenhydrate können sowohl pflanzlichen, als auch tierischen Ursprungs sein. Sie werden vom Körper zu Glucose (Traubenzucker) abgebaut und stehen diesem somit direkt zum Verbrauch zur Verfügung. Ein Gramm Glucose liefert 4,1 Kilokalorien.

Da Hunden das Enzym zur Zelluloseverdauung fehlt, kann ihr Körper diese nicht verwerten. Zellulose, Hauptbestandteil der pflanzlichen Zellwände, stellt die so wichtigen Ballaststoffe, welche die Darmpassage regulieren, die Darmtätigkeit anregen und damit die Verwertung der anderen Nährstoffe verbessern.

Mineralstoffe

Mineralstoffe sind lebenswichtige anorganische Substanzen. Sie regeln den Elektrolyt- und Wasserhaushalt des Körpers. Außerdem haben sie Anteil an der Erregungsleitung zwischen den Nervenzellen. Mineralstoffe sind Bestandteil von Knochen und beispielsweise auch der Blutkörperchen. Die meisten Mineralstoffe müssen dem Organismus über die Nahrung zugeführt werden.

Vitamine

Vitamine sind organische Nährstoffe, die für den Stoffwechsel und die dauerhafte Gesundheit unerlässlich sind. Sie lassen sich in fettlösliche und wasserlösliche Vitamine unterteilen und können größtenteils nicht von Körper synthetisiert werden.

Eine Ausnahme bildet beim Hund – anders als beim Menschen – das Vitamin C, welches von ihm in für seinen Organismus ausreichender Menge selbst hergestellt werden kann.

Auf die Mischung kommt es an!

Proteine, Fette, Kohlenhydrate und Mineralstoffe müssen in einem ganz bestimmten Verhältnis zueinander im täglichen Futter enthalten sein, um dauerhaft Gesundheit und Fitness des Hundes zu gewährleisten. Besonders entscheidend sind hierbei der Protein-, der Fett- und der Kalzium-/Phosphorgehalt. Das genaue Verhältnis variiert allerdings je nach Rasse, Alter und Belastung.

Beim Bulldogwelpen sollte der Rohproteingehalt des Futters in den ersten vier Monaten bei etwa 27% liegen, um in dieser Zeit des besonders schnellen Wachstums eine optimale Entwicklung zu ermöglichen. Während dieses Wachstums und der starken seelischen Belastung (durch Besitzerwechsel und täglich viele neue Umwelterfahrungen) ist ein hoher Rohfettgehalt von etwa 18% durchaus angemessen. Das Knochenwachstum fordert einen Kalzium-/Phosphorgehalt von etwa 1,5%/1,0% (also im Verhältnis von 3:2).

Da der American Bulldog zu den großen Hunderassen zählt, sollte ab einem Alter von vier bis fünf Monaten der Fettgehalt auf etwa 10% gesenkt werden, um ein gleichmäßiges und kontrolliertes Wachstum sicherzustellen. In dieser Phase tritt das Längenwachstum der Knochen in den Vordergrund und ein höherer Fettgehalt würde lediglich eine höhere Wachstumsrate zur Folge haben. Dies aber wirkte sich nachteilig auf die wichtige Mineralisierung der Knochen aus. Der auf gutes und gesundes Wachstum richtig eingestellte Kalzium-/Phosphorgehalt liegt etwa 0,95%/0,7%. So ist sicher gestellt, dass die Knochen langsam und gleichmäßig wachsen.

Übergewicht muss besonders in dieser kritischen Phase des starken Wachstums vermieden werden, um die jungen Knochen und Gelenke nicht unnötig zu belasten. Die Rippen müssen gut zu fühlen und auch leicht zu sehen sein.

Im Alter von etwa zwölf bis 18 Monaten hat die Amerikanische Bulldogge ihre Endgröße erreicht. Zwar gewinnt sie noch bis zum vollendeten zweiten Lebensjahr an Masse, doch ist der Hund in diesem Alter körperlich und seelisch schon voll belastbar und muss dementsprechend mit Energie versorgt werden. Da Wachstum und Knochenaufbau jetzt abgeschlossen sind, sollte der Eiweißgehalt des Futters nunmehr reduziert werden.

Der normal aktive Bulldog benötigt jetzt einen Rohproteingehalt des Futters von etwa 22%, der Rohfettgehalt sollte bei rund 14% liegen. Der Kalzium-/Phosphorgehalt bleibt ungefähr gleich bei 0,95%/0,7%.

Lediglich bei stark geforderten Hunden muss während der kommenden Lebensjahre sowohl der Protein- als auch der Fettgehalt entsprechend der körperlichen Belastung erhöht werden.

Mit etwa sieben Jahren ist ein Bulldog zwar noch nicht alt, aber durch eine gezielte Fütterung bleibt der Hund länger jung und agil. Ein verringerter Prote-

Joshua´s Raise a ´Ruckus (USA)

in- sowie ein ebenfalls reduzierter Kalzium-/Phosphorgehalt schonen Nieren und Leber und beugen Verkalkungen vor. Ein zusätzlich reduzierter Fettgehalt verhindert eine gelenkschädigende Gewichtszunahme des im Alter weniger aktiven Hundes.

Fertigfuttter oder Selbstgekochtes?

Es gibt drei verschiedene Möglichkeiten, dem Hund eine artgerechte Ernährung zu bieten: Das im Handel erhältliche Fertigvollfutter, die tägliche Ration selbst zusammengestellten Futters oder die Kombination von beidem.

Mit der alleinigen Gabe von qualitativ hochwertigem Fertigfutter ist man grundsätzlich auf der „sicheren Seite". Alle Nährstoffgruppen sind in der richtigen Zusammensetzung enthalten, sowohl Mangel- als auch Überschusserscheinungen werden somit ausgeschlossen. Wichtig ist, dass eine genaue Aufschlüsselung der einzelnen Nährstoffgruppen auf der Packung angegeben ist und dass auf Farb- und Geschmacksstoffe verzichtet wurde.

Fertigfutter ist sowohl als Trocken-, als auch als Feuchtnahrung erhältlich. Die Verwendung von Trockenfutter ist in mehrfacher Hinsicht vorteilhaft. So führen

Champion Souza´s Ruby Tuesday (USA)

viele Dosenfutter zu Blähungen und anderen Verdauungsstörungen. Die Fütterung von Trockenfutter ist zudem ökonomischer und preiswerter, denn damit erhält der Hund Nährstoffe in konzentrierter Form, weshalb insgesamt weniger Masse gefüttert werden muss. Dies wiederum führt zu einer verbesserten Nahrungsverwertung und damit zu reduzierter Kotmenge. Außerdem muss auch der Wassergehalt des Feuchtfutters von bis zu 80% nicht mitbezahlt werden.

Diesem Anspruch werden jedoch nur wirklich qualitativ hochwertige Trockenfutter gerecht. Unabhängig davon entsteht durch die tägliche Fütterung von Dosenfutter eine unglaubliche Menge Müll, die nicht nur überflüssig und lästig ist, sondern aufgrund vorhandener Reste zumindest im Sommer Heerscharen von Fliegen, Brummern, Maden und anderen Müllverwertern anlockt.

Früher bot das Selbstzusammenstellen der Nahrung die einzige Möglichkeit, den Haushund ausgewogen zu ernähren. Damit ist selbstverständlich nicht das Entsorgen der Küchenabfälle in den Hundenapf gemeint, sondern vielmehr die durchaus gelegentlich mühsame Kombination einzelner Nahrungskomponenten in der für den Hund so wichtigen und richtigen Zusammensetzung.

Die Grundlage für diese Art der Ernährung bilden:

- Fleisch (z.B. vom Rind, Schaf, Pferd, Huhn ...),
- Milchprodukte (Magerquark, Hüttenkäse, Joghurt ...) und
- gekochtes Ei (rohes Eiweiß kann nicht verwertet werden) als wichtigste Eiweißträger.
- Haferflocken, Nudeln, Reis, Sojamehl, Weizenkeime als wichtigste Kohlenhydratquelle,
- Obst und Gemüse als Vitaminquelle,
- Pflanzenöle zur Versorgung mit ungesättigten Fettsäuren,
- Honig und Knoblauch zur Unterstützung des Immunsystems.

Um die Nahrung wirklich korrekt zusammenzustellen, ist Kenntnis der einzelnen Bestandteile dieser Nahrungskomponenten notwendig. Es gestaltet sich als sehr schwierig, den Bedarf des Hundes auf diese Weise optimal zu decken; die Gefahr einer gesundheitsschädigenden Fehlernährung ist letztlich schwer auszuschließen.

Eine für den Hund sehr abwechslungsreiche und dennoch sichere Ernährungsmethode ist jedoch die Kombination von Fertigfutter und Selbstgekochtem. Hierbei stellt die Fertignahrung die Basis der Ernährung dar. Diese wird gelegentlich bis täglich durch die Gabe von Milchprodukten, Frischfleisch, Honig, Obst und Gemüse (siehe oben) ergänzt.

Außerdem gilt es noch einige „Kleinigkeiten" zu beachten:

Schweinefleisch darf unter keinen Umständen roh verfüttert werden! Das gilt auch für Knochen und Knorpel! Ungekochtes, also rohes Schweinefleisch kann die für Hunde und Katzen immer tödliche *Aujeskysche Krankheit* übertragen. Wurde das Fleisch gut durchgekocht, so besteht diese Gefahr nicht mehr, der Erreger wird durch die Erhitzung abgetötet.

Zwiebeln und Schokolade sind für Hunde giftig. Eine einzige Tafel Zartbitterschokolade kann für einen kleinen Hund schon tödlich sein. Schokolade (bzw. der in ihr enthaltene Kakao) zerstört die roten Blutkörperchen. Als Folge kann die Sauerstoffversorgung des Körpers zum Erliegen kommen.

Frisches und sauberes Wasser sollte der Hund grundsätzlich immer zur freien Verfügung haben.

Ergänzungsfuttermittel

Ergänzungsfuttermittel sind Zusätze, die jedem Premiumvollfutter ohne die Gefahr einer Überversorgung hinzugefügt werden können. Reine Vitamin- und Mineralstoffpräparate gehören allerdings nicht zu dieser Gruppe.

Geeignet sind Heilkräutermischungen, die den gesamten Stoffwechsel unterstützen oder auch Muschelextrakte, welche wertvolle Glycosaminoglykane enthalten. Sie stabilisieren und regenerieren die Knorpelsubstanz, die Sehnen, Bänder und Bandscheiben, was insbesondere bei großen und schweren Rassen wie dem American Bulldog Gelenkschädigungen vorbeugt.

Sofern man sich an die auf der Packung angegebene Fütterungsempfehlung hält, können solche Zusätze die Widerstandskraft und Gesundheit des Hundes erheblich fördern.

Füttern: Wann und wo?

Um den Hund gesund zu halten zählt zwar in erster Linie, was verfüttert wird, doch auch das Wann und das Wo sind nicht ganz unwichtig.

Früher war beim erwachsenen Tier die einmalige Fütterung am Tag allgemein verbreitet, doch nach neueren Erkenntnissen sollte der Hund seine Tagesration auf zwei Mahlzeiten verteilt bekommen. Besonders im Hinblick auf die für große Hunde bestehende Gefahr der Magendrehung ist dies unerlässlich.

Die erste der zwei Mahlzeiten sollte nach dem Morgenspaziergang gereicht werden und die zweite am späten Nachmittag.

Grundsätzlich gilt: Unmittelbar virekt vor und bis zu zwei Stunden nach dem Füttern sollte von großen Anstrengungen des Tieres abgesehen werden.

Bulldogwelpen bis zu einem Alter von zwölf Wochen sollten noch vier Mal am Tag (morgens, mittags, nachmittags und abends) gefüttert werden, denn ihr Magen kann allzu große Portionen noch nicht fassen. In diesem Alter sind Jungtiere noch wenig anfällig für Magendrehungen, weshalb man ihrem Drang, nach dem Fressen zu spielen, durchaus nachgeben darf. Auch im Rudel beim Züchter nutzen die Kleinen ganz von selbst besonders die Zeit nach den Mahlzeiten zum ausgiebigen Toben. Im Alter von zwölf Wochen wird dann die Nachmittags-Fütterung weggelassen und mit einem Jahr wird endgültig auf zwei Mahlzeiten umgestellt.

Damit der Hund – soweit einem Bulldog dies überhaupt möglich ist – ruhig und ohne Streß fressen kann, sollte er seine Ration an einem ruhigen Ort erhalten. Natürlich muss von klein auf geübt werden, dass jedes Familienmitglied sich dem fressenden Hund nähern und auch den Napf an sich nehmen darf. Auch die Kinder der Familie sollten unter Aufsicht üben, sich dem Napf des Hundes zu nähern. Knurrt er, so muss sein Herrchen ihm dies mit Nachdruck verbieten, dies dürfen nicht die Kinder selbst tun.

Grundsätzlich sollte vom Hund verlangt werden, sich vor dem Fressen zu setzen und erst auf Herrchens Zeichen hin „zuzuschlagen".

MGK´s I´m a Doozy, Too (USA) posiert neben einer ihrer Trophäen

Über die Gesundheit

Die Pflege des American Bulldog

Der American Bulldog ist aufgrund seines Fells ein eher pflegeleichter Hund. Er muss längst nicht so ausgiebig gebürstet und gekämmt werden wie ein lang- oder stockhaariger Hund. Auch trägt mit seinem kurzen Haarkleid kaum Dreck in die Wohnung. Nach einem – von eigentlich jedem Bulldog geliebten – ausgiebigen Schlammbad genügt meist ein gründliches Abrubbeln mit dem Handtuch, um den Hund wieder sauber zu bekommen. Ansonsten ist das regelmäßige „Durchwalken" des Hundes mit einem Gumminoppenhandschuh ausreichend. Das entfernt abgestorbene Haare und Schmutz und fördert die Durchblutung der Haut.

Augen, Ohren und Zähne sollten mindestens einmal wöchentlich kontrolliert werden, um vielleicht auftretende Krankheiten frühzeitig bekämpfen zu können.

Die Augen sollten klar und sauber sein. Die Bindehäute sind blaßrosa gefärbt. Kleinere Verschmutzungen und Fremdkörper können mit lauwarmem Wasser ausgespült werden.

Die Ohrmuschel sollte sauber sein und darf nicht unangenehm riechen. Zur regelmäßigen Ohrpflege empfiehlt sich ein Ohrreiniger vom Tierarzt. Im schmutzigen Hundeohr können sich schnell übel riechende, Juckreiz auslösende Bakterien und Pilze einnisten.

Gesunde Zähne sind belagfrei, und der Hund riecht nicht aus dem Fang. Das Zahnfleisch ist zartrosa.

An sich haben Bulldogs ein sehr kräftiges Gebiß, da sie aber ihre Zähne beim Spielen sehr beanspruchen, kann es durchaus vorkommen, dass einmal ein Zahn abbricht. Dies ist zwar nicht angenehm, solange aber der Zahn entzündet ist, muss auch nicht zum Tierarzt hinzugezogen werden. Harte Hundekuchen und Rindermarkknochen sorgen für natürliche Zahnreinigung, aber auch zusätzliches, regelmäßiges Zähneputzen ist durchaus sinnvoll. Hierfür eignet sich eine gute Zahnbürste für den menschlichen Gebrauch. Die Zahncreme sollte aber speziell für Hunde sein.

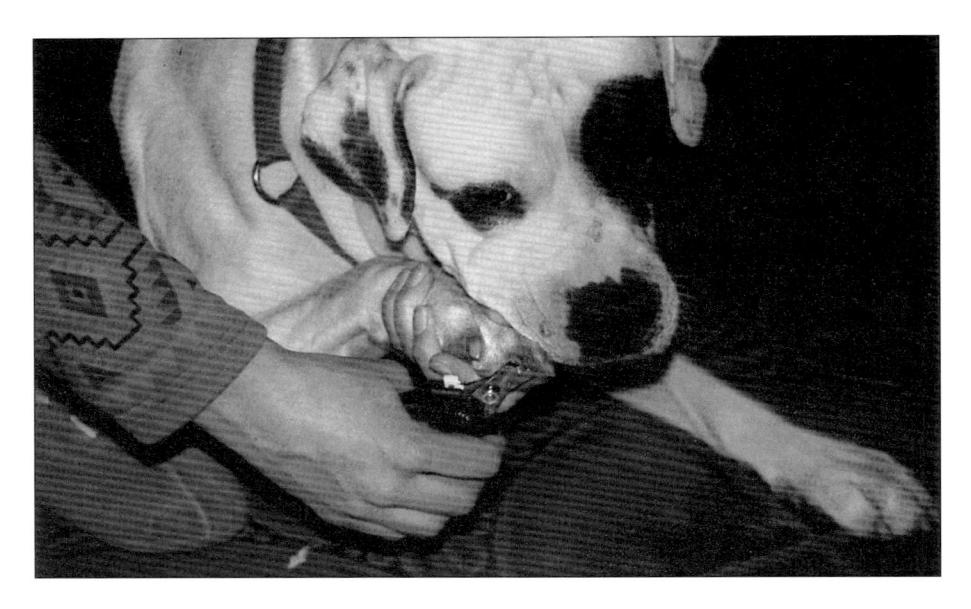

Krallenpflege ist für jeden Hund sehr wichtig

Eine ständige Beobachtung der **Krallen** ist bei jedem Hund sehr wichtig, vor allem, wenn er nicht viel auf Asphalt läuft. Auch die „Daumenkralle", welche nie belastet wird, muss regelmäßig kontrolliert werden, um ein Einwachsen in den Lauf zu verhindern. Hört man den Hund auf Fliesen laufen, weil die Krallen bei jedem Schritt den Boden berühren, so sind sie zu lang und müssen unbedingt gekürzt werden. Zu lange Krallen rufen Fehlbelastungen der Läufe hervor, was über einen längeren Zeitraum zu Gelenkschäden führen kann.

Gute Krallenscheren sind über den Tierarzt oder im Zoofachhandel erhältlich. Da American Bulldogs fast ausschließlich weiße Krallen haben, ist es nicht schwer zu entscheiden, wie weit sie gekürzt werden können. Der rosa Kern der Kralle ist das sogenannte „Leben". Es darf nicht beschädigt werden; zwei Millimeter Horn werden beim Schneiden stehen gelassen.

Traut man sich dies selbst nicht zu, so sollte ein Tierarzt die Krallen schneiden. Das Wachstum der Krallen wird durch das Kürzen übrigens nicht angeregt.

Allgemein ist ein gesunder Hund munter und an seinem Umfeld interessiert, hat ein glänzendes Fell und keinen Ausfluss weder aus den Augen noch aus der Nase. Das Tier bewegt sich leichtfüßig aber kräftig und zeigt keine Anzeichen von Lahmheit. Es ist gut genährt, weder zu dick, noch zu dünn. Die Rippen müssen leicht zu sehen und gut zu fühlen sein.

Der Kreislaufzustand des Hundes läßt sich gut am Zahnfleisch überprüfen. Es ist beim gesunden Tier gut durchblutet und rosa. Drückt man kräftig darauf, entsteht ein weißer Fleck, der sich in weniger als zwei Sekunden wieder einfärben muss.

Die normale Körpertemperatur des Hundes liegt zwischen 38 und 39°C. Sie wird rektal gemessen, wobei das leicht eingefettete, möglichst digitale Thermometer etwa zweieinhalb Zentimeter weit in den After eingeführt wird. Hat ein ruhender Hund mehr als 39,0 °C Körpertemperatur, so sollte sofort ein Tierarzt aufgesucht werden.

Hundekrankheiten

Seine erste Impfung wird der Welpe bereits bei seinem Züchter erhalten haben. Um aber einen vollständigen Impfschutz gewährleisten zu können, ist mindestens eine Nachimpfung notwendig. Diese Impfungen stellen die Grundimmunisierung dar. Durch die Impfungen wird der Körper angeregt, Antikörper gegen die entsprechenden Krankheiten zu bilden. Sie sorgen dafür, dass der Hund gegen diese Krankheiten immun wird. Hierbei handelt es sich um aktive Impfungen. Um die Immunisierung aufrecht zu erhalten, ist eine jährliche Wiederholungsimpfung unerlässlich und darf nicht vergessen werden.

Es wird zwischen Impfungen unterschieden, die grundsätzlich durchgeführt werden sollten, da die entsprechenden Krankheiten für den Hund lebensbedrohlich sind und solchen, die zwar empfehlenswert, aber nicht zwingend notwendig sind.

Zur ersten Gruppe gehören Impfungen gegen Staupe, infektiöse Leberentzündung (H.c.c.), Parvovirose, Leptospirose und Tollwut, zum zweiten Teil gehören Borreliose und Zwingerhusten.

Die **Staupe** ist eine Virusinfektion, welche sich unter ungeimpften Hunden epidemieartig ausbreitet. Die Erreger werden durch direkten Kontakt, sowie über den Urin staupekranker Hunde (selbst noch sechs bis acht Wochen nach deren endgültiger Heilung) übertragen. Erste Anzeichen für eine Erkrankung sind hohes Fieber, Augen und Nasenausfluß und völlige Nahrungsverweigerung. Im weiteren Verlauf äußert sich die Staupe in drei unterschiedlichen Krankheitsbildern, die aber auch ineinander übergehen können.

Bei der Darmstaupe leiden die Tiere an starkem Durchfall und Erbrechen. Quälender Husten, Nasenausfluss und eine heftige Lungenentzündung kennzeichnen die Lungenstaupe.

Die Nervenstaupe verursacht Krämpfe und Lähmungen, teilweise werden die Tiere auch bewusstlos. Die meisten Staupeerkrankungen verlaufen tödlich oder die Hunde behalten irreparable Schäden zurück. Außerdem ist es möglich, dass

Impfschutz auch gegen Zwingerhusten ist besonders beim Besuch von Ausstellungen wichtig! (*Sargent Sloughter of Boyd*)

einer geheilten Lungenstaupe in einigen Wochen eine Nervenstaupe folgt. Bevor Schutzimpfungen möglich waren, starben in früheren Zeiten ganze Zwingerbestände an Staupe.

Nicht weniger gefährlich ist die **ansteckende Leberentzündung** (Hepatitis contagiosa canis, H.c.c.). Die Ansteckung erfolgt auf gleichem Wege wie bei der Staupe, auch die Krankheitssymptome sind ähnlich. Die Tiere haben hohes Fieber, verweigern die Nahrungsaufnahme und leiden an starken Bauchschmerzen. Viele Hunde, besonders Welpen und Jungtiere, sterben schon in diesem Stadium. Im weiteren Verlauf kann es zu Erbrechen, Durchfall, Mandel-, Rachen- und Bindehautentzündungen kommen. Auch nervöse Störungen können auftreten. Wie bei der Staupe kommt es selten zur völligen Ausheilung. Meist bleiben gravierende Hornhauttrübungen im Auge zurück.

Auch unter dem Namen **Stuttgarter Hundeseuche** oder Weilsche Krankheit bekannt ist die **Leptospirose**. Die verschiedenen Leptospiren sind auch für den Menschen gefährliche Bakterien, die der Hund in verschmutzten Teichen, Tümpeln, Gräben, Sümpfen oder bei Kontakt zu Mäusen und Ratten aufnehmen kann. Die Krankheit beginnt oft mit abnormer Müdigkeit und schwankendem Gang, der besonders beim Springen und Treppenlaufen auffällt. Im weiteren Verlauf der Erkrankung kommt es zu Fieber, Appetitlosigkeit, Erbrechen, Durchfall und zu Leber- und Nierenschäden. Ob eine Infektion mit Leptospiren vorliegt, kann nur durch mehrere Blutuntersuchungen festgestellt werden. Je nach Serotyp sind die Heilungschancen sehr unterschiedlich.

Die **Parvovirose** ist eine besonders häufig auftretende Viruserkrankung, deren Erreger extrem widerstandsfähig sind. Sie können Monate bis Jahre in der Außenwelt überleben, so dass die Parvovirose nicht nur von Hund zu Hund, sondern häufig auch über Menschen und Gegenstände übertragen wird. Die Erkrankung kann rasant verlaufen und innerhalb weniger Stunden zum Tod infolge einer Herzmuskelentzündung führen. Vornehmlich treten jedoch Magen- und Darmentzündungen auf. Sie äußern sich durch Fieber, begleitet von starkem Durchfall, der wässrig, schleimig oder blutig sein kann. Die Tiere fressen nicht, nehmen schnell ab und verlieren viel Flüssigkeit, was letztendlich zum Tode führt. Die Heilungsaussichten sind in der Regel sehr gering.

Die **Tollwut** ist auf alle Säugetiere übertragbar und der Krankheitsverlauf nahezu immer tödlich. Es gibt keine Behandlungsmöglichkeiten und befallene Tiere dürften auch nicht behandelt werden. Das Tollwut-Virus wird durch Bisse infizierter Tiere übertragen und greift das zentrale Nervensystem an. Es ruft Aggressivität, Wesensveränderungen und Lähmungserscheinungen hervor. Fortschreitende Ruhelosigkeit sowie Gleichgewichtsstörungen gefolgt von Krämpfen und Lähmungen führen schließlich zum Tod.

Aufgrund der enormen Gefahr für den Menschen gehört die Tollwut zu den anzeigepflichtigen Seuchen und unterliegt daher der staatlichen Kontrolle. Behandlungsversuche bei tollwutkranken und tollwutverdächtigen Tiere sind verboten, wobei der Verdacht auch bei Tieren besteht, bei denen ein Kontakt zu infizierten Tieren nur vermutet wird. Hat das Tier keine gültige Impfung vorzuweisen, so kann die Tötung angeordnet werden.

Da nur die regelmäßigen Impfungen den Hund wirklich zuverlässig vor diesen gefährlichen Krankheiten schützen, sollten sie mit größter Sorgfalt vorgenommen werden.

Wichtig ist auch, dass das Tier vor der Impfung vollkommen gesund ist, da der Impfschutz sonst möglicherweise nicht ausreichend vom Körper ausgebildet werden kann.

Ebenfalls empfehlenswert sind Impfungen gegen Zwingerhusten und Borreliose, obwohl es sich hierbei nicht um lebensbedrohliche Krankheiten handelt.

Der **Zwingerhusten** ist eine so genannte Faktorenkrankheit, bei der mehrere ungünstige Ursachen zum Ausbruch der Erkrankung beitragen. Zum einen sind unter den Ursachen verschiedene Erreger, insbesondere Bordetellen und das Parainfluenza-Virus zufinden. Zum anderen sind es klimatische Bedingungen, wie Feuchtigkeit und Durchzug. Geschwächte oder gestresste Hunde stecken sich gegenseitig durch Kontakt an.

Die Gefahr der Ansteckung besteht besonders bei großen Hundeansammlungen, wie auf Hundesportveranstaltungen oder Ausstellungen. Die Erkrankung äußert sich meist durch würgenden, trockenen Husten. Wird dieser nicht rechtzeitig erkannt und behandelt, so kann sich der Zustand bis hin zur Lungenentzündung verschlimmern.

Die wirksamste Impfung gegen den Zwingerhusten erfolgt durch eine separate Nasenimpfung, welche bei hohem Infektionsrisiko zweimal im Jahr durchgeführt werden sollte.

Die **Borreliose** ist eine durch Zecken übertragene bakterielle Infektion. Diese Krankheit kommt oft erst Tage oder Wochen nach einem Zeckenbiss zum Aus-

Nur ein gesunder und topfitter Bulldog bringt solche Höchstleistungen.

bruch. Zu Beginn leidet der infizierte Hund an Mattigkeit, Appetitlosigkeit und Fieber, wie auch im Anfangsstadium vieler anderer Infektionskrankheiten. Einsetzende Gelenkentzündungen an Vorder- und Hinterläufen führen zu abwechselnder Lahmheit und lassen auf Borreliose schließen. Endgültige Sicherheit bringt nur eine Blutuntersuchung. Im weiteren Verlauf können auch Nervensystem, Herz, Nieren und andere Organe geschädigt werden.

Eine Behandlung der Borreliose ist zwar möglich, doch sehr langwierig, weshalb eine Impfung in Gebieten mit starkem Zeckenvorkommen anzuraten ist.

Entwurmen

Rundwürmer (Spül-, Haken- und Peitschenwürmer) leben im Dünndarm des Hundes. Zur Vermehrung benötigen sie keinen Zwischenwirt, und sie können bis zu 20.000 Eier täglich abgeben.

Bandwürmer bestehen aus einem Kopf, einem Halsteil und vielen reiskornartigen Gliedern, die einzeln abgegeben im Kot oder auf dem Tier sichtbar werden. Sie dienen der Vermehrung der Würmer.

Die Infizierung mit Würmern erfolgt durch Kontakt mit anderen Hunden, durch Überträger wie Flöhe sowie durch das Schnüffeln und das Aufnehmen von Hinterlassenschaften anderer Hunde. Der Kontakt des Hundes zu Wurmeiern ist somit also kaum zu vermeiden.

Da Würmer Parasiten sind, ernähren sie sich vom Hund und dessen Nahrung, was an diesem natürlich nicht spurlos vorübergeht. Folgen des Wurmbefalls sind unter anderem der Verschluss von Darm- und Gallengängen, Erbrechen, Blutverlust, Anämie (Blutarmut), eine Schwächung des Immunsystems, Gewichts- und Konditionsverluste und letztendlich auch Todesfälle. Hinzu kommt noch, dass einige Wurmarten, besonders der kleine Fuchsbandwurm, auch für Menschen gefährlich sind.

Der kleine Fuchsbandwurm kann lebensgefährliche Leberveränderungen hervorrufen. Seine winzigen Eier gelangen mit Fuchskot in die Umgebung und werden durch Wind und Regen auf Büsche und Sträucher verteilt. Der Mensch kann sich daher auch direkt über die Aufnahme ungewaschener Waldfrüchte infizieren. Der Hund tut dies über den Kontakt zu infizierten Kleinnagern oder direkt mit dem Fuchskot. Vom Hund zum Menschen ist es dann nur noch ein kurzer Weg. Um diesen Gefahren vorzubeugen, ist es unerlässlich, den Hund alle drei bis vier Monate zu entwurmen!

Flöhe können, vom lästigen Juckreiz ganz abgesehen, auch Würmer übertragen. Daher ist auch ein regelmäßiger Flohschutz notwendig. Beim Tierarzt sind Präparate erhältlich, die bei einmaligem Auftragen den Hund bis zu drei Monate lang vor Flöhen schützen. Doch auch Lagerplatz und Teppichfußboden sollten

**Ihre erste Wurmkur erhalten Welpen
in der Regel bereits im Alter von etwa zehn Tagen.**

regelmäßig gereinigt werden, da sich nur ungefähr ein Drittel der Flohpopulation auf dem Hund selbst befindet. Der größte Feind der Flöhe und Floheier ist übrigens der Staubsauger. Wichtig ist: Bei Flohbefall sollte der Hund gleichzeitig auch entwurmt werden. Ebenso sollte eine Wurmkur eine Woche vor den Schutzimpfungen erfolgen, damit eine Schwächung des Immunsystems durch Wurmbefall ausgeschlossen werden kann.

Von Würmern und Welpen

Muttertiere sollten noch einmal direkt vor dem Werfen mit einer milden Wurmkur gegen Spul- und Hakenwürmer entwurmt werden. Durch die hormonelle Umstellung in der Muskulatur und auch im Gebärmuttergewebe im Zusammenhang mit der Schwangerschaft können eingekapselte Spulwurmlarven aktiviert werden. Von ihnen ist kaum ein Hund frei. Die aktivierten Würmer werden dann durch die Milch auf die Welpen übertragen. Aus diesem Grund sollten nach dem Werfen die Welpen zu ihrem Schutz bis zu einem Alter von zwölf Wochen mindestens alle 14 Tage zusammen mit der Hündin entwurmt werden, das erste Mal nach etwa zehn Tagen.

Krankheiten

Bei den im folgenden Teil beschriebenen Krankheiten handelt es sich um solche, die insgesamt beim American Bulldog auftreten können, aber keinesfalls auch einmal auftreten müssen. Dennoch sollte jeder Bulldog-Besitzer sich etwas mit den entsprechenden Krankheitsbildern beschäftigen, um im Fall der Fälle dem Hund rechtzeitig und richtig helfen zu können.

Die Hüftgelenksdysplasie (HD) ist sicher die am meisten verbreitete und den Hund am stärksten belastende Erbkrankheit. Entropium und Ektropium treten zwar auch gelegentlich auf, sie sind jedoch gut zu behandeln und beeinträchtigen den Hund dann gar nicht mehr.

Bei vereinzelten Hunden (besonders bei sehr weißen Tieren) können auch Hautprobleme, wie Demodikose oder Allergien auftreten. Sie stellen jedoch kein ernsthaftes Problem der Rasse American Bulldog dar. Dennoch sollten die Züchter, die reine Weißzucht betreffend, aus den Fehlern anderer Rassen lernen. Die alleinige Verpaarung und Bevorzugung rein weißer Hunde kann erhebliche

Nur ein gesunder Bulldog kann sich so aktiv bewegen!

genetische Probleme mit sich bringen. Beispiele hierfür bietet die Bullterrier-, Dogo Argentino- und Dalmatinerzucht. Alle diese Rassen kämpfen mit Hautkrankheiten und Taubheit. Das sind aber Probleme, denen man durch eine Akzeptanz auch recht farbiger Hunde vorbeugen kann.

Gebärmuttervereiterungen und Vorhautentzündungen sind dagegen überhaupt keine rassespezifischen Krankheiten. Da aber sie also alle Hunderassen betreffen können, sollte jeder Hundebesitzer über ihre Symptome informiert sein. All diese Krankheiten werden in den nachfolgenden Abschnitten kurz erläutert.

Hüftgelenksdysplasie (HD)

Das Hüftgelenk besteht aus dem Gelenkkopf (Femurkopf) und der Gelenkpfanne (Acetabulum). Bei einem gesund entwickelten Gelenk ist der Femurkopf genau in die Gelenkpfanne eingepasst. Mindestens die Hälfte des Femurkopfes liegt dabei innerhalb der Gelenkpfanne, zusätzlich sind beide genau kongruent zueinander. Der Femurkopf muss relativ rund und glatt sein und er muss genau in das gut ausgeprägte Acetabulum eingepasst sein.

Hüftgelenksdysplasie entsteht entweder weil der Femurkopf zu klein ist oder häufiger, weil das Acetabulum zu flach ist. So besteht keine enge Anpassung zwischen beiden und der Femurkopf rutscht bei jeder Bewegung hin und her. Leider tritt diese Erkrankung bei Hunden relativ häufig auf. Doch auch Menschen, Katzen, Pferde, Wölfe können davon betroffen sein. Im Gegensatz zum Menschen ist die Erkrankung beim Hund aber nicht bei der Geburt feststellbar, da zu diesem Zeitpunkt die Hüftgelenke der Welpen noch nicht voll entwickelt sind.

Erste Prognosen über die Gesundheit der Hüftgelenke lassen sich in einem Alter von etwa vier Monaten stellen. Doch erst, wenn der Hund ausgewachsen ist, können eindeutige Aussagen gemacht werden.

Um die Hüften eines Hundes zu beurteilen, ist es zwingend notwendig, diese zu röntgen, weil die klinischen Symptome von Hund zu Hund sehr unterschiedlich ausfallen. Einige Hunde mit schwerer HD führen durchaus ein aktives Leben und laufen über viele Jahre beschwerdefrei. Andere Tiere mit mittlerer HD leiden schon mit sechs Monaten an schweren Schmerzen und müssen im schlimmsten Fall getötet werden. Je „schlechter" die Hüften im Alter von zwölf Monaten sind, desto wahrscheinlicher wird der Hund im mittleren Alter an Arthritis (Gelenkentzündung) erkranken, während Hunde mit gesunden Hüften nur äußerst selten mit dieser sehr schmerzhaften Erkrankung zu kämpfen haben.

Obwohl die HD beim Welpen nicht festgestellt werden kann, sind die genetischen Faktoren, die HD auslösen schon bei der Geburt vorhanden. Die Erblichkeit liegt je nach Rasse zwischen 25 und 55 Prozent. Ob es dann aber wirklich zur

HD-Ausprägung kommt, hängt daher auch von Umwelteinflüssen, wie Futterzusammensetzung und -menge sowie von der Belastung der Tiere in den ersten zwölf Lebensmonaten ab.

Die Erblichkeit ist jedoch so hoch, dass eine direkte Selektion aller Zuchttiere auf gesunde Hüften Erfolg haben wird. Jeder Züchter hat daher die Verantwortung sowohl durch Aufzucht, insbesondere aber durch Auswahl möglichst hüftgesunder Zuchttiere, die HD zu bekämpfen. Nach dem Verkauf des Welpen geht ein Teil dieser Verantwortung auf den neuen Besitzer über. Dieser sollte nun darauf achten, den Welpen ausgewogen zu ernähren und nicht zu überlasten. Besonders die Überfütterung muss unbedingt vermieden werden.

Sehr wichtig ist auch die HD-Auswertung im Alter von zwölf bis 18 Monaten. Erstens ermöglicht sie dem Hundehalter, den Hund angepasst zu bewegen und zu entscheiden, ob der Hund für bestimmte sportliche Aktivitäten überhaupt geeignet ist. Zweitens zeigt sie dem Züchter des Tieres, ob er züchterisch auf dem richtigen Weg ist.

Um korrekte Röntgenaufnahmen zu erhalten, muss der Hund auf jeden Fall total narkotisiert werden, was immer mit einem bestimmten und unvermeidlichen Risiko für die Gesundheit des Hundes verbunden ist. Durch die heutigen Präparate und Überwachungsmöglichkeiten ist dieses Risiko jedoch verschwindend gering geworden und sollte daher niemanden von der für die Gesundheit der gesamten Rasse so wichtigen Auswertung abhalten.

Zeigt nun ein Welpe oder Junghund Anzeichen von Lahmheit und Schmerzen – besonders beim Aufstehen und kleinen Sprüngen – so sollte unbedingt ein Tierarzt aufgesucht werden. Er kann, sollte die Ursache der Lahmheit tatsächlich HD sein, frühzeitig mit der Behandlung beginnen. Dies verbessert die Chancen auf ein möglichst langes, schmerzfreies Leben. Je schlechter die Hüften der Elterntiere sind, desto sorgfältiger muss die Entwicklung eines Jungtieres beobachtet werden.

Insgesamt bleibt nur zu hoffen, dass die Vernunft von Züchtern und Welpenkäufern im Laufe der Zeit dazu führen, unseren Hunden ein gesundes, aktives Leben zu ermöglichen.

Zur HD existieren verschiedene Auswertungssysteme:

Deutschland (SV)	normal	fast normal	noch zugelassen	**mittlere HD**	**schwere HD**
Deutschland (alle anderen)	kein Hinweis	Übergangsform	leichte HD	**mittlere HD**	**schwere HD**
USA / OFA	excellent	good	fair borderline	**mild moderate**	**severe**

Ellenbogendysplasie (ED)

Das Krankheitsbild entspricht dem der Hüftgelenksdysplasie, übertragen natürlich auf die Ellenbogengelenke. Auch hier zeigt der erkrankte Hund Probleme beim Aufstehen und Lahmheit, diese allerdings auf den Vorderextremitäten. Tiere mit einer stark ausgeprägten Ellenbogendysplasie sind noch stärkeren Beeinträchtigungen ausgesetzt als ein an vergleichbar starker HD erkrankter Hund, da etwa zwei Drittel des Körpergewichtes eines Hundes auf den Vorderbeinen lasteten. Glücklicherweise stellt die ED bei American Bulldogs noch kein Problem dar.

Demodikose

Bei der Demodikose handelt es sich um eine von Milben ausgelöste Hauterkrankung.

Die Demodex-Milbe lebt auch in der Haut von gesunden Hunden. Leiden diese nun aus unterschiedlichen Gründen an einer zeitweiligen Immunschwäche, so können sich die Milben ungehindert vermehren. Erkennbar wird dies an geröteten, nur noch schwach behaarten Stellen, meist an Fang und Läufen. Seltener ist die Erkrankung auch mit Juckreiz verbunden. Bleibt es bei einzelnen Stellen, so spricht man von der lokalen Demodikose, welche recht ungefährlich ist und beim Junghund meist innerhalb von zwei Monaten spontan heilt.

Spätestens mit dem Eintritt in die Geschlechtsreife sollte die Erkrankung überwunden sein. Trotzdem muss der Hund schon beim Auftreten der ersten geröteten, haarlosen Stellen dem Tierarzt vorgestellt werden, um auszuschließen, dass es sich möglicherweise um eine andere Hauterkrankung handelt. In diesem Fall kann es sich um die wesentlich gefährlichere, generalisierte Demodikose handeln, die unbedingt behandelt werden muss.

Beim jungen Hund sind auch hier die Heilungschancen recht gut. Erkrankt jedoch der erwachsene Hund, muss mit einer sehr viel längeren Behandlungsdauer gerechnet werden. Zudem ist auch die Rückfallwahrscheinlichkeit viel höher.

Da die Krankheit in beiden Fällen durch ein geschwächtes Immunsystem ausgelöst wird, darf ein Hund erst nach einer vollständigen Ausheilung zur Zucht verwandt werden.

Follikelkatarrh (Follikelentzündung)

Der Follikelkatarrh stellt die häufigste erworbene Augenerkrankung bei jungen Hunden dar. Ursache können ein ansonsten symptomfreier Erstkontakt mit einem caninen Herpesvirus, eine nicht behandelte akute Entzündung, ein chronischer Reiz oder eine Liderkrankung sein. Diese Erkrankung ist insgesamt eher harmlos. Leidet ein Junghund jedoch häufiger an tränenden Augen und einer geröteten Bindehaut, sollte unbedingt ein Tierarzt aufgesucht werden.

Ein Follikelkatarrh entsteht durch kleine Bläschen (Follikel) auf dem dritten Augenlid (Nickhaut), welche dann auf der Hornhaut scheuern.

Wird ein Follikelkatarrh diagnostiziert, so müssen die Bläschen mit einem Schaber entfernt werden. Eine anschließende Salbenbehandlung sorgt für vollständige Ausheilung.

Entropium

Ein Entropium ist ein Einwärtsrollen des unteren Lidrandes am Auge (Rolllid). Es gibt verschiedene Formen dieser Liderkrankung. Die häufigste Variante ist genetisch veranlagt, aber nicht congenital (angeboren, bei der Geburt vorhanden). Die Lider rollen sich erst im Laufe des ersten Lebensjahres ein.

Gesundheitscheck beim Tierarzt.

Die meisten der von Entropium betroffenen Tiere leiden erheblich unter der ständig schmerzhaft gereizten Hornhaut. Sie schlafen deutlich mehr als gesunde Tiere, ihre Sehfähigkeit ist eingeschränkt und viele reiben sich besonders in wärmeren Räumen ständig die Augen. Auch ihre körperliche Entwicklung kann sich durch das Entropium bedingt verzögern. Aus diesem Grunde sollte ein an Entropium leidender Hund so früh wie möglich durch eine kleine und unkomplizierte Operation geheilt werden.

Ektropium

Ektropium (auch „offenes Auge" genannt) bedeutet, dass der untere Augenlidrand nach außen gedreht ist. Der dadurch entstehende unvollständige Lidschluss führt zu starkem Tränenfluss. Außerdem verschmutzt das Auge leichter, was eine chronische Bindehautentzündung hervorrufen kann.

In Extremfällen hilft auch hier nur die Operation. Ist der Lidrand jedoch nur leicht nach außen gedreht, muss das Auge lediglich mit Hilfe eines speziellen Augenreinigers besonders sauber gehalten werden.

Auch das Ektropium ist eine Erbkrankheit, die beim American Bulldog gelegentlich auftritt.

Gebärmuttervereiterung (Pyometra)

Bei der Pyometra handelt es sich um eine Eiteransammlung in der Gebärmutter (Uterus) aufgrund von eingedrungenen Keimen. Gegen Ende der Läufigkeit ist der Gebärmutterhals (Zervix) noch geöffnet, so dass durch die Scheide eintretende Keime sich in der Gebärmutter einnisten können. Diese führen dann, meist in den Wochen nach der letzten Läufigkeit, zu einer eitrigen Entzündung.

Auffällig ist, dass die Hündin an sehr hohem Fieber, Mattigkeit und Fressunlust leidet. Sehr charakteristisch ist ein stinkender, eitriger Ausfluss aus der Scheide. Im schlimmeren Fall bleibt die Gebärmutter jedoch verschlossen, es gibt keinen Ausfluss. Wird auf das Unwohlsein der Hündin nicht rechtzeitig mit einer Operation reagiert, kann die mit Eiter gefüllte Gebärmutter platzen. Innerhalb kürzester Zeit wird die Hündin dann durch die in den Bauchraum austretenden Keime innerlich vergiftet und stirbt.

Die totale Kastration (Entfernung der Eierstöcke und der Gebärmutter) ist die einzige Möglichkeit, eine Wiederholung der Gebärmuttervereiterung zu verhindern. Wird sie sehr früh bemerkt, so kann auch mit Antibiotikagaben eine Heilung erreicht werden. Ein Rückfall ist aber leider recht wahrscheinlich.

Soll mit die Hündin nicht oder nicht mehr in der Zucht verwendet werden, so sollte darüber nachgedacht werden, sie grundsätzlich kastrieren zu lassen. Erstens kann es dann nicht zur Pyometra kommen und zweitens wird auch den bei sehr vielen Hündinnen im Alter auftretenden bösartigen Gesäugetumoren vorgebeugt. Die Kastration sollte jedoch generell nach der ersten, besser noch erst nach der zweiten Läufigkeit durchgeführt werden, da eine Hündin erst mit Einsetzen der Geschlechtsreife vollständig ausgereift und erwachsen ist.

Vorhautentzündung (Balano-Posthitis)

Diese Form der Vorhautentzündung tritt bei nahezu allen geschlechtsreifen Rüden auf und sie stört den Besitzer meist mehr als den Hund. Aus der Vorhaut tritt gelblich-grüner Eiter aus und je sexuell aktiver der Hund ist, desto stärker wird dieser Ausfluss. Zwar kann diese „Erkrankung" beim Tierarzt behandelt werden, doch einige Zeit nach Behandlungsende kehrt die Entzündung wieder zurück.

Dauerhaften Erfolg bringt es, die Vorhaut regelmäßig mit Buttermilch oder Ohrreiniger zu spülen. Tritt die Balano-Posthitis sehr extrem auf und der Rüde wird nicht zur Zucht verwandt, kann eine Kastration Abhilfe schaffen. Mit den Hormonen verschwindet dann fast immer auch der eitrige Ausfluss.

Herbstspaziergang.

Kopfzittern

Das Kopfzittern ist keine Krankheit im eigentlichen Sinne und es tritt auch nur äußerst selten auf. Da die Besitzer dieser Hunde jedoch oft sehr erschrocken sind, soll hier kurz auch darauf eingegangen werden. In keinem Fall darf dieses „Wackeln mit dem Kopf" mit einer Epilepsie verwechselt werden.

Ein mit dem Kopf zitternder Hund bewegt den Kopf in einer entspannten Situation sehr schnell von links nach rechts. Er ist jedoch bei vollem Bewusstsein und sobald er durch Ansprechen oder Futter abgelenkt wird, hört das Wackeln auf. Ursache ist eine kleine, ungefährliche Durchblutungsstörung im Gehirn, die vor allem bei English Bulldogs auftritt, seltener auch beim American Bulldog.

Beginnt der Hund mit dem Kopf zu wackeln, sollte er möglichst schnell abgelenkt werden, um die Durchblutung anzuregen und das Zittern so gleich wieder zu beenden. Tritt es häufiger auf, so helfen Calcium-Tabletten und Vitamin-B-Gaben über etwa zehn Tage hinweg. In besonders penetranten Fällen schafft ein durchblutungsförderndes Medikament (z.B. Karsivan) vom Tierarzt Abhilfe.

Taubheit

Taubheit kann verschiedene Ursachen haben. Trommelfell- und Gehörgangsdefekte, aber auch eine unzureichende Pigmentierung der Hörnerven können ein Wahrnehmen akustischer Reize unmöglich machen. Auch wenn es beim Bulldog selten vorkommt, sollte jeder Züchter seine Welpen (insbesondere rein weiße) diesbezüglich genauestens beobachten.

Gibt es Welpen, die die Fütterungen häufig verschlafen, an neuen Geräuschen grundsätzlich desinteressiert sind oder auf Bellen von Hunden nicht reagieren, sollten diese vom Tierarzt einmal näher untersucht werden. Sie könnten eventuell taub sein. Ist dies der Fall, sind sie dennoch zu einem erfüllten Leben fähig, nur muss ein liebevolles und vor allem hundeerfahrenes neues Heim gesucht werden. Sehr hilfreich ist ein älterer, gut erzogener Zweithund, an dem unser Baby sich orientieren kann.

Ist der Welpe dann ungefähr drei Monate alt, so sollte er in einer hierauf spezialisierten Klinik nochmals untersucht werden, um die genaue Ursache der Taubheit zu bestimmen.

Sollte es sich um Trommelfell- oder Gehörgangsdefekte handeln, kann möglicherweise eine Operation den Hund zum Hören bringen. Liegt jedoch eine zu geringe Pigmentierung der Hörnerven vor, sterben diese allerdings unaufhaltsam ab und eine bleibende Taubheit ist unvermeidbar. Die nötigen Untersuchungen werden in Vollnarkose durchgeführt, weshalb der Hund ein gewisses Mindestalter erreicht haben sollte.

Hat man eine passende Familie gefunden, so sollte der Welpe unbedingt mit sieben Wochen umgesetzt werden. Als Einzelwelpe kann er dann sehr viel effektiver gefördert werden. Wichtig ist auch, im Übergabevertrag festzuhalten, dass das Tier so früh wie möglich kastriert und auf keinen Fall zur Zucht verwendet werden soll.

Stellt man hingegen bei seinem bereits erwachsenen Hund eine plötzliche Taubheit oder Schwerhörigkeit fest, sollte umgehend ein Tierarzt aufgesucht werden. Das Trommelfell könnte durch sehr laute Geräusche verletzt worden sein. Ebenso möglich ist eine massive Entzündung des Gehörgangs, welche – nicht behandelt – zu einem chronischen Leiden werden kann.

Entspannung muss sein.

Erste Hilfe

Ebenso, wie jeder Autofahrer einen Ersthelferkurs besucht haben sollte, ist es für den Hundehalter wichtig, in Notsituationen bei Hunden angemessen reagieren und helfen zu können.

Das richtige Handeln in den ersten Minuten nach einem Unfall kann über Leben und Tod unseres vierbeinigen Freundes entscheiden. Aus diesem Grunde sollte man sich auch über die nachfolgenden Passagen in diesem Buch hinaus über Erste Hilfe beim Hund informieren.

Allgemein dient das Leisten der Ersthilfe dazu, die Körperfunktionen des Hundes solange zu stabilisieren, bis ein Tierarzt die Versorgung übernehmen kann. Insgesamt ist die Erste Hilfe am Hund der am Menschen sehr ähnlich. Wichtig ist es, auf keinen Fall in Panik zu geraten! Panik macht „kopflos" und beunruhigt den Verletzten – egal ob Mensch oder Hund – nur noch zusätzlich. Außerdem darf man besonders im Umgang mit verletzten Tieren seine eigene Sicherheit nicht ausser Acht lassen. Wer nämlich aus Unachtsamkeit möglicherweise selbst verletzt wird, kann nicht mehr helfen, nicht anderen beteiligten und auch nicht seinem Hund.

Ein verletzter Hund leidet unter Umständen unter großen Schmerzen, steht vielleicht unter Schock und verhält sich nicht normal.

In einer solchen Situation kann auch der eigene, sonst sehr gutmütige Hund zuschnappen oder zu fliehen versuchen. Ist das Tier bei vollem Bewusstsein, sollte es daher mit einer Leine und einem Maulkorb oder einer Maulschlinge (aus dem Gürtel, aus einer Mullbinde oder aus einem anderen geeigneten Material) gesichert werden.

Damit der Hund die Binde nicht wieder abstreifen kann, wird sie zuerst um den Fang geschlungen und dann erst über, danach unter der Schnauze verknotet. Die Enden werden straff hinter den Ohren zusammengebunden.

Sollte der Hund aus den Nasenlöchern bluten, darf der Fang allerdings nicht zugebunden werden! Das Tier kann dann nicht mehr atmen! In diesem Fall muss der Hund während der Versorgung genauestens beobachtet werden, damit er nicht unerwartet zufasst.

Atemspende und Herzmassage

Ein bewusstloser, verletzter Hunde wird zuerst flach auf die rechte Körperseite gelegt. Der Kopf wird nach hinten gestreckt, und die Zunge seitlich aus dem Maul gezogen, um die Atemwege zu befreien. Das ähnelt der „stabilen Seitenlage" beim verunglückten Menschen.

Besonders wichtig ist nun das Kontrollieren der lebenswichtigen Körperfunktionen von Atmung und Herzschlag, wobei eine sehr flache Atmung auch beim kurzhaarigen American Bulldog schwer zu erkennen ist. Solange der Hund atmet schlägt auch sein Herz noch!

Setzt die Atmung aus, so wird umgehend eine Atemspende notwendig.

Der Fang des flach ausgestreckten Tieres wird dazu mit einer Hand zugehalten. Zwei Sekunden lang wird nun kräftig in die Nase des Hundes geatmet. Die zweite Hand kontrolliert, ob sich der Brustkorb hebt. Danach drei Sekunden aussetzen und erneut zwei Sekunden lang in die Nase atmen. Nach erneuter Wiederholung, also nach dreimaligem Versuch kontrollieren, ob die Atmung

Auch wenn der eigene Hund sonst verschmust und liebenswert ist: Im Schock verhält er sich unter Umständen ganz anders.

wieder eingesetzt hat. Falls nicht, ist mit der Beatmung nach dem selben Muster fortzufahren. Auf keinen Fall zu früh aufgeben!

Setzt zusätzlich zur Atmung auch der Herzschlag aus, muss außerdem eine Herzmassage durchgeführt werden.

Reichen zwei **sehr** kräftige Schläge mit der flachen Hand auf die linke Brustseite nicht aus, um das Herz wieder zum Schlagen anzuregen, so wird eine Hand direkt hinter dem Ellenbogen des Hundes unter den Brustkorb geschoben, die andere wird auf der linken Seite an der gleichen Stelle plaziert. Nun mit beiden Händen den gesamten Brustkorb kurz und kräftig zusammendrücken. Dies wird zehn Mal wiederholt, darauf folgen zwei Atemspenden. Anschließend werden kurz Herzschlag, Atmung und Puls (an der Innenseite der Hinterschenkel) kontrolliert.

Haben unsere Bemühungen noch nicht zum Erfolg geführt, so wird in der gleichen Reihenfolge fortgefahren: 10 Herzmassagen, zwei Beatmungen und dann wieder eine Kontrolle. Auch hier darf nicht zu früh aufgegeben werden. Außerdem muss der Druck auf den Brustkorb wirklich kräftig sein, um das Herz wieder zum Schlagen anzuregen.

Ist man wenigstens zu zweit, dann sollte eine zweite Person so schnell wie möglich einen Tierarzt rufen. Ansonsten wird dieser erst benachrichtigt, wenn Atmung und Herzschlag des Hundes stabilisiert und unter Kontrolle sind.

Schock

Ein Schock tritt als häufige Begleiterscheinung bei Unfällen auf und er sollte nicht unterschätzt werden.

Bei einem betroffenen Tier sinkt der Blutdruck stark ab, was im Extremfall zum absoluten Kreislaufstillstand führen kann.

Um die Kreislaufsituation zu beurteilen, werden die Lefzen etwas angehoben und mit einem Finger fest das Zahnfleisch gedrückt. An der Druckstelle entsteht ein weißer Fleck. Ist dieser nach zwei Sekunden noch nicht verschwunden, so sollte davon ausgegangen werden, dass der Hund unter Schock steht oder zumindest schwere Kreislaufsörungen hat.

Ein Schock kann auch bei einem scheinbar unverletzten Tier noch erheblich verspätet auftreten, weshalb ein Tier nach einem Unfall noch länger beobachtet werden sollte.

Auch die oben beschriebene Schockprobe ist dann vorsichtshalber noch häufiger durchzuführen.

Erste Hilfe

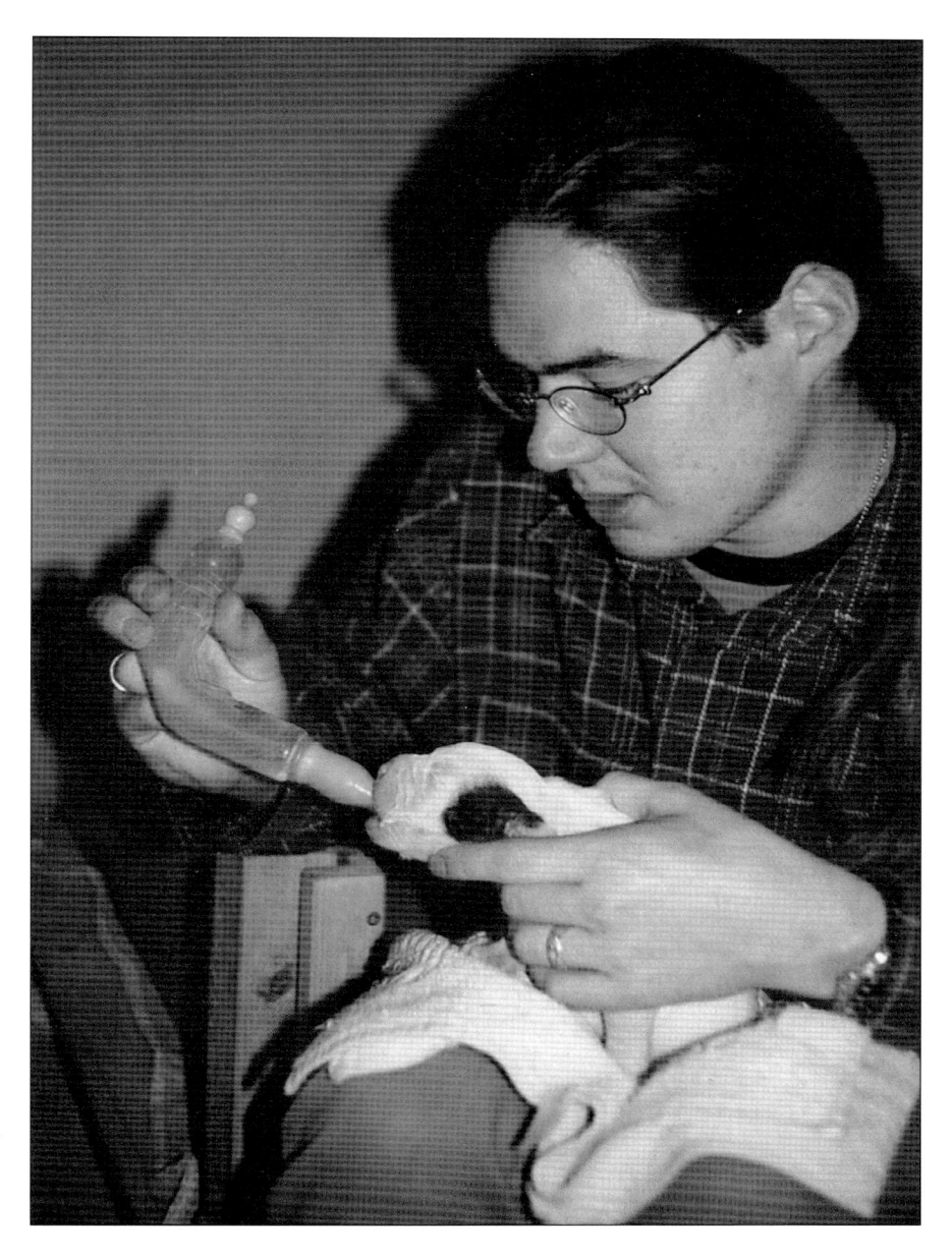

Wer einen Welpen aufzieht, sollte immer damit rechnen, seinem Hund einmal nach einem Unfall helfen zu müssen.

Ein Hund unter Schock wird auf die rechte Körperseite gelegt und warm gehalten. Unnötige Manipulationen am Tier sind zu vermeiden, und nur die lebensbedrohlichen Wunden werden versorgt.

Auch beim Schock gilt: Den Hund so schnell wie möglich zum Tierarzt bringen!

Offene Verletzungen

Da American Bulldogs recht lebhafte, schmerzunempfindliche, tolpatschige und mit dem eigenen Körper relativ rücksichtslose Hunde sind, kommen Rissverletzungen recht häufig vor. Sind sie nur oberflächlich und bluten nicht stark, werden sie mit lauwarmem Wasser abgespült und desinfiziert. Bis die Verletzung sauber verschorft ist, sollte sie mehrmals täglich gereinigt und desinfiziert werden, um einer Wundinfektion vorzubeugen.

Tiefe oder stark blutende Hautverletzungen sollten so schnell wie möglich verbunden werden, um eine weitere Verunreinigung und Blutungen zu vermeiden. Die Wundfläche wird unter dem Verband mit sauberem Mull abgedeckt, damit sie nicht mit dem Verband verklebt. Die Wunden in diesem Fall jedoch weder reinigen noch desinfizieren. Dies sollte dem Tierarzt überlassen werden.

Ist die Blutung außergewöhnlich stark und kommt nicht zum Stehen, so ist ein Druckverband anzulegen (aber nicht abbinden!) und der Hund ohne weitere Verzögerungen zu einem Tierarzt zu bringen. Ein hoher Blutverlust kann für den Hund tödlich sein! Ist ein Druckverband nicht möglich, so muss die Wunde mit der Hand abgedrückt werden, bis ein Tierarzt helfen kann.

Bissverletzungen sind, nahezu unabhängig von ihrer Größe, immer dem Tierarzt vorzustellen, da sie ansonsten zu heftigen Entzündungen führen können.

Fremdkörper

Splitter oder Glasscherben in Haut und Pfoten sollten nicht selbstständig entfernt werden, da dies zu starken Blutungen führen kann. Den Fremdkörper nur provisorisch mit einem sauberen Tuch abdecken und den Hund sofort zum Tierarzt bringen.

Fährt der Hund hektisch mit den Pfoten über die Schnauze und würgt oder röchelt dabei, dann hat er vermutlich einen Fremdkörper in Fang oder Kehle. In diesem Fall sollte sofort versuchen werden, diesen zu entfernen. Dabei aber mit einen Maulkeil ein Zufassen des unter Umständen in Panik geratenen Hundes verhindern!

Fremdkörper in der Luftröhre können zum Tod des Hundes führen, wenn nicht sofort etwas unternommen wird. Wenn möglich, wird der Hund an den Hinterläufen hochgezogen und dabei kräftig auf den Brustkorb geklopft, bis der Gegenstand sich löst. Ist dieser nicht innerhalb von etwa einer Minute zu entfernen, muss sofort ein Tierarzt aufgesucht werden, da akute Erstickungsgefahr besteht.

Knochenbrüche

Bitte auf keinen Fall versuchen, die im Fall eines Knochenbruches möglicherweise deutlich erkenn- oder fühlbaren Knochenenden wieder zu richten: Damit könnte die Verletzung noch erheblich verschlimmert werden!

Brüche nur durch einen improvisierten Stützverband stabilisieren, damit sich die Knochenenden nicht noch weiter verschieben und daraufhin unverzüglich einen Tierarzt aufsuchen.

Vergiftungen

Je nach Giftart können die Symptome sehr unterschiedlich ausfallen. Verdächtig sind jedoch übermäßiger Speichelfluss, Krämpfe, Erbrechen, heftige Durchfälle, unsichere Bewegungen und Taumeln des Hundes. In solchen Fällen ist das Tier

**Beim ausgelassenen Toben
in der Sonne kann jeder Hund einen Hitzschlag erleiden!**

sofort zum Tierarzt zu bringen. Bitte keine Zeit durch zwecklose und eher schädliche Selbsthilfeversuche verlieren. Auf keinen Fall darf versucht werden, ein Erbrechen herbeizuführen, da dies bei manchen Giften dem Hund noch zusätzlich schaden kann!

Ist die Ursache der Vergiftung bekannt, so sollte die Verpackung des Stoffes und wenn möglich eine Probe mit zum Arzt genommen werden. Dies kann die Gegenmaßnahmen sehr beschleunigen.

Auch kann es nicht schaden, dem Hund im Verdachtsfall medizinische Kohle einzugeben. Diese nimmt Gifte auf, und verhindert so, dass sich deren volle Wirkung entfalten kann. Es sollten ein halbes bis ein Gramm Kohle mit etwas Wasser angemischt verabreicht werden. Danach ist trotzdem unverzüglich ein Tierarzt aufzusuchen. Die Kohle ist im Übrigen auch ein gutes Mittel gegen akute Durchfälle.

Hitzschlag

Im verschlossenen, aufgeheizten Auto oder bei extremer körperlicher Anstrengung kann es vorkommen, dass ein Hund seine Körpertemperatur durch Hecheln nicht mehr ausreichend abkühlen kann. Hunde können ja nicht am ganzen Körper schwitzen wie wir Menschen, sondern Wärme nur über das Hecheln sowie über die Pfoten (Fußsohlen) abbauen.

Körpertemperatur und Herzfrequenz steigen stark an, der Hund wird erst teilnahmslos und schließlich bewusstlos. Wird er daraufhin nicht sofort an den Beinen beginnend mit kühlem Wasser übergossen, so können aufgrund der erhöhten temperatur Eiweißanteile des Körpers zerstört werden und das Tier stirbt.

Mit der Kühlung von Kopf und Körper wird solange fortgefahren, bis die Körpertemperatur wieder 39,5 °C beträgt. Anschließend sollte aber dennoch ein Tierarzt aufgesucht werden, um weiteren Folgen vorzubeugen.

Aus diesem Grunde sollte man seinen Vierbeiner auf keinen Fall im Sommer allein über längere Zeit im Auto lassen. Auch von Fahrradtouren in der Mittagshitze sollte abgesehen werden. Besonders sehr kurznasige und schwere Bully-Type Hunde sollten bei Hitze nicht übermäßig belastet werden, zumal sie die heißesten Stunden des Tages ohnehin viel lieber im Schatten verschlafen.

Bild rechts: *White Bull´s DK Amazing Red Mac*

Erste Hilfe

Bulldogzucht heute

Der American Bulldog in den USA

In den USA werden, wie bereits am Anfang dieses Buches kurz erwähnt, zwei grundsätzliche Typen von Bulldogs gezüchtet. Deshalb können die Hunde aus verschiedenen Zuchtlinien teilweise recht unterschiedlich aussehen und gehören doch zu ein und derselben Rasse. Die zwei Haupt-Zuchtlinien wurden nach den großen Züchtern benannt, die sie im Wesentlichen prägten: Zum einen die „Scott-line", deren Namensgeber Alan Scott war und zum anderen die von John D. Johnson begründete „Johnson-line".

Bild rechts: *Joshua´s Caleb* (USA), Züchter Lem Miller mit Richter Al Banuelos nach dem Gewinn eines „Best in Show".

Bild unten: *Sin City´s Poison Ivy* (USA)

Bulldogzucht heute

Der Ursprung beider Linien ist identisch. Erst nach 1973 entschied sich John D. Johnson, animiert durch seinen Hund King-Kong, für die Zucht von besonders großen, knochenstarken und schweren Hunden – immer in der Absicht, Hunde in der Art seines King-Kong zu erhalten.

Alan Scott hingegen verfolgte weiterhin seine Zucht eines Typs, welcher vermutlich der Ursprung des American Bulldog wie auch des English Bulldog ist. Diese Hunde, gut präsentiert durch Sandman the Great, sind schwer, aber athletisch und ihre Anatomie ist in keiner Weise übertrieben. Insgesamt sind sie kleiner und leichter als die „Johnson-line"-Hunde. Heutzutage ist ein großer Teil der in den USA lebenden American Bulldogs eine Mischung beider Typen, da eine Kreuzung der Hunde verschiedener Typen nie verboten war. Diese Hunde werden allgemein „Hybrid-Typ" genannt.

Für die Rasse ist eine vermehrte Kreuzung von Bulldogs verschiedener Zuchtlinien durchaus sinnvoll, zumal einige rein-gezogene Johnson-Hunde des schweren Typs durch starke Inzucht mittlerweile so klein und kurzbeinig geworden sind, dass sie dem von John D. Johnson angestrebten Hund gar nicht mehr entsprechen.

Insgesamt erfreut sich der American Bulldog in seiner Heimat nach wie vor großer Beliebtheit, hier in erster Linie als Haus- und Familienhund, aber auch noch in seinen ursprünglichen Aufgaben als Farm- und Treibhund. Er besitzt in den Vereinigten Staaten ein Image, das dem des Deutschen Boxers hierzulande entspricht. So veranschaulicht beispielsweise der Film „Zurück nach Hause – Die unglaubliche Reise" von Walt Disney (orig. „Homeward Bound") gut das Verhältnis der Amerikaner zu ihrem Bulldog.

Der American Bulldog in Deutschland

Die ersten Bulldogs in Deutschland kamen aus Holland, wo diese Rasse schon einige Zeit lang gezüchtet wurde. Der erste Wurf in einem deutschen Zwinger wurde daher auch im Frühjahr 1994 von einer holländischen Hündin geworfen.

Schon ein Jahr später kamen weitere Zwinger hinzu, und ihre Zahl wächst weiter, so wie auch die Zahl der Bulldog-Liebhaber in den letzten Jahren stark angestiegen ist. Auch in Deutschland wird zwischen den Johnson- und den Scott-Line Hunden unterschieden, wobei auch hier viele Mischungen beider Linien anzutreffen sind.

Noch ist die deutsche Zuchtbasis allerdings relativ klein. Um Inzucht zu vermeiden kann daher auch heute auf Importe, vor allem aus dem Stammland USA, aber auch aus Dänemark, Ungarn und Österreich nicht verzichtet werden. Einige Züchter haben aus diesem Grund ihr Zuchtprogramm ganz auf amerikanische Importe ausgerichtet. Sie züchten dann aber auch nur selten mit den Tieren aus der eigenen Zucht weiter.

Ob ein Hund dem Standard entspricht oder nicht, hängt jedoch keineswegs davon ab, ob er importiert wurde oder in Deutschland geboren. Natürlich gibt es in den USA wunderschöne rassetypische Bulldogs, aber dass ein Züchter ein solches Prachtexemplar nach Übersee verkaufen würde, kann nicht als selbstverständlich vorausgesetzt werden. Andererseits garantiert auch die Verpaarung von zwei importierten Hunden nicht unbedingt entsprechend rassetypischen Nachwuchs. Auch hier müssen beide Hunde im Typ zueinander passen, um hervorragende Nachzuchten erhalten zu können.

Auf der Suche nach einem geeigneten Deckrüden, einer zukünftigen, vielversprechenden Zuchthündin oder auch nur nach einem geeigneten Familien- und Ausstellungshund müssen daher die Ahnen sowohl von Hunden amerikanischer Herkunft als auch die von in Deutschland gezogenen Tieren genau studiert werden. Andernfalls kann man in beiden Fällen durchaus auch stark enttäuscht werden.

Zusammenfassend bleibt nur zu wünschen, dass die deutschen American Bulldog-Züchter auch in Zukunft plan- und maßvoll züchten und mit der stets sorgfältigen Auswahl der Zuchtpartner – aber auch der Welpenkäufer – eine gesunde und sorgenfreie Zukunft unserer Rasse sichern!

Noch sind American Bulldog-Welpen in Deutschland relativ selten.

Anhang

Karasek´s BC Grizzly of Power Play (USA)

Danksagung

Vielen Dank schulde ich insbesondere meinen Eltern Christine und Dr. Wolfgang Fenge. Mit nahezu unendlicher Geduld und Toleranz ertragen sie täglich meine verrückten Vierbeiner und haben mir dadurch dieses Werk überhaupt ermöglicht.

Ein ganz großes Dankeschön aber auch an Rosi und Robert Böhmer für die entgegengebrachte Freundschaft und das liebevolle Näherbringen dieser einzigartigen Rasse.

Thank you Tammy and Greg Souza for everything you did for us. I could not find any better words to describe what I feel, than the words used in the postcard you sent to us:

*"I'm thankful every day I live
For the warmth and kindness that you give...
Thankful that in God's design
He planned it so your path crossed mine."*

Lem Miller, thank you for your hospitality. I could not believe that you sent such an amount of excellent pictures.

Gesa Fenge

Literaturübersicht

Spezielle deutschsprachige Bücher über den American Bulldog sind sehr selten. In der nachfolgenden Übersicht stehen auch einige Bücher, in denen meiner Ansicht nach hilfreiche Tipps und Hilfestellungen zum Verständnis von Hunden zu finden sind. Der Bezug wird über den einschlägigen Fachbuchhandel, bei Versandbuchhändlern oder mit Hilfe des Internet leicht möglich sein.

Angherrn, Imelda	Das Rasseportrait English Bulldog
Askew, Henry R.	Behandlung von Verhaltensproblemen bei Hund und Katze
Blackwell, John	American Bulldogs
Böhmer, Robert	Der American Bulldog *Bezug über den Autor, Adresse siehe rechts unter ABF*
Fleig, Dr. Dieter	Die Technik der Hundezucht, Kynos-Verlag
Miller, Lem	American Bulldog Stories, Facts and Legends
Rehage, Dr. Felicia	Lassie, Rex & Co.
Rehage, Dr. Felicia	Wie wär's mit einem lieben Hund?
Seidel, Angela	Australian Shepherd – Charakter-Erziehung-Gesundheit, Cadmos-Verlag
Trumler, Eberhard	Ein Hund wird geboren
Trumler, Eberhard	Mit dem Hund auf du
Truyen, Uwe	Infektionskrankheiten des Hundes
Willis, Malcolm	Genetik der Hundezucht, Kynos-Verlag

Adressen

American Bulldog Association (ABA) / Bulldog Connection
71801 Hill Road
Covelo, CA 95428
USA
http://www.american-bulldog.com

American Bulldog National Alliance (ABNA)
http://www.geocities.com/wshuluk2001/index.html

Interessengemeinschaft der American Bulldog Freunde (IABF),
assoziiert der ABNA-USA
Robert Böhmer
Kleinbreitenbronn 57
91732 Merkendorf
http://home.t-online.de/home/Boehmer-Strolche
Tel.: (0 98 26) 99 13 23

Verband für das Deutsche Hundewesen e.V. (VDH)
Postfach 10 41 54
44141 Dortmund
http://www.vdh.de
Tel.: (02 31) 5 65 00 - 0

Deutscher Hundesportverband e.V. (dhv)
Geschäftsstelle
Gustav-Sybrecht-Str. 42
44536 Lünen
http://www.dhv-hundesport.de
Tel.: (02 31) 87 80 10

American Bulldog – Rasseporträt

Nachfolgend sind (nach Seiten) die Namen der auf den Abbildungen zu sehenden Hunde aufgeführt; hier nicht genannte Hunde gehören der Autorin oder wurden – wie auch die gezeigten Welpen – von ihr gezüchtet.

12	Arndt Böhmers Chilly (D), einer der ersten aus den USA nach Deutschland importierten American Bulldogs
15	Joshua´s J&S AE (USA)
17	White Bull´s DK Amageddon (DK)
19	Joshua´s Ol´ Southern White (USA)
20	Chestnut´s Little A-Kish-Kalwa (D)
22	Böhmer´s Anna (D)
23	Joshua´s Ol´ Southern White (USA)
25	Majec´s Buster Brown (USA)
27	Böhmer´s Vicky (D)
33	Böhmer´s Simba (D)
42	White Bull´s Kash (DK)
48	Lundahl´s Apolo (DK)
57	Chestnut´s Little Ajatasharu (D)
59	Böhmer´s B3 Bam Bam (D)
61	Watchdog Mac the Slasher / Nelly / Jamaika (USA)
62	Szabo´s Arabesque (D)
65	Alex of Power Play Kennels (USA)
70	Thunderstruck´s Tewa of S.A.B. (USA)
71	Imperial Sheba Girl of Joshua (USA)
76	ADK´s Tiamo´s Pal Matio (USA)
82	Joshua´s Raise a´ Ruckus, mit Lem Miller (USA)
85	Butcher Kennel´s Firewalker (D)
86	ADK´s Tiamo´s Pal Matio (USA)
87	Harri´s Chewy of S.A.B., mit Anthony Harris (USA)
90	Van Hoose´s Koa of Boyd (USA)
91	Joshua´s Ol´ Southern White, mit Lem Miller (USA)
102	Van Hoose´s Koa of Boyd (USA)
103	Souza´s Matias of S.A.B. (USA)
105	Chestnut´s Little Banuvatukyaovi (D)
107	Souza´s Sargent Milhous (USA)
122	Joshua´s Raise a´ Ruckus, mit Lem Miller (USA)
123	Souza´s Ruby Tuesday (USA)
126	MGK´s I´m a Doozy, Too (USA)
130	Sargent Sloughter of Boyd (USA)
132	Butch Cassidy´s Sweet Virginia (USA)
151	White Bull´s DK Amazing Red Mac (DK)
152	Sin City´s Poison Ivy (USA)
153	Joshua´s Caleb (USA)
156	Karasek´s BC Grizzly of Power Play (USA)

Die Autorin dankt insbesondere Lem Miller für die zur Verfügung gestellten Fotos aus den USA.